OEUVRES
DE
CRÉBILLON.

TOME III.

Se vend
Chez BLANKENSTEIN, libraire, quai Malaquai, n° 1.

OEUVRES
DE
CRÉBILLON.

TOME TROISIEME.

PARIS.

IMPRIMERIE DE P. DIDOT L'AINÉ.

M. DCCCXII.

PYRRHUS,

TRAGÉDIE EN CINQ ACTES,

REPRÉSENTÉE, POUR LA PREMIERE FOIS,

LE 29 AVRIL 1726.

A M. PARIS,

CONSEILLER DU ROI EN SES CONSEILS D'ÉTAT PRIVÉS,
ANCIEN GARDE DU TRÉSOR ROYAL.

Monsieur,

Le sort que le public a daigné faire à Pyrrhus, tout brillant qu'il a été, n'est point encore aussi touchant pour moi que le plaisir de vous offrir un ouvrage applaudi, et de pouvoir, par ce présent, vous donner une marque plus éclatante des sentiments que j'ai pour vous, sentiments auxquels vous laissez si peu de carriere à certains égards, qu'il faut, malgré soi, se conformer à votre façon de penser, trop modeste et trop délicate pour s'accommoder du style ordinaire d'une épître dédicatoire. Vous avez voulu, monsieur, que celle-ci fût seulement un témoignage authentique de l'amitié qui nous lie. Heureux si, par des preuves plus solides de la mienne, je pouvois un jour vous convaincre qu'on ne peut être avec une estime plus respectueuse et une vénération plus parfaite,

Monsieur,

Votre très humble et très obéissant serviteur,
Jolyot de Crébillon.

ACTEURS.

PYRRHUS, roi d'Épire, élevé sous le nom d'Hélénus, fils de Glaucias.
GLAUCIAS, roi d'Illyrie.
NÉOPTOLÈME, usurpateur de l'Épire, prince du sang de Pyrrhus.
ILLYRUS, fils de Glaucias.
ÉRICIE, fille de Néoptolême.
ANDROCLIDE, officier des armées de Glaucias, et sujet de Pyrrhus.
CYNÉAS, confident de Pyrrhus.
ISMENE, confidente d'Éricie.
GARDES.
SUITE.

La scene est à Byzance, dans le palais de Lysimachus.

PYRRHUS.

Frappe, voilà Pyrrhus.

PYRRHUS,
TRAGÉDIE.

ACTE PREMIER.

SCENE PREMIERE.

GLAUCIAS.

Vous, à qui j'offre ici tant de vœux inutiles,
Dieux vengeurs des forfaits, protecteurs des asiles,
Que le soin de vous plaire et de vous imiter
Contre un roi généreux semble encore irriter;
Si les pleurs que j'oppose à vos décrets terribles,
Si ma juste douleur vous éprouve inflexibles,
Du moins ne laissez pas succomber ma vertu
Sous les divers transports dont je suis combattu.
Glaucias ne peut-il, sans cesser d'être pere,
Soutenir de son rang l'auguste caractere?
O mon fils! cher espoir, malheureux Illyrus,
Faut-il livrer ta tête, ou celle de Pyrrhus?

PYRRHUS.

Voici le jour fatal qui veut que je décide
Entre l'ami parjure et le pere homicide.
Il ne m'est plus permis d'accorder dans mon cœur
Les droits de la nature avec ceux de l'honneur.
L'une attend tout de moi, ma foi doit tout à l'autre.
J'ai rempli mon devoir; dieux, remplissez le vôtre.
Vous fûtes les garants des serments que je fis;
Sauvez-moi du parjure, ou me rendez mon fils.
Barbare Cassander, traître Néoptolême,
Est-ce à vous que je dois livrer la vertu même?
Frappez, dieux tout-puissants; c'est assez protéger
Deux tyrans dont la foudre auroit dû me venger.
Laisserez-vous Pyrrhus, votre plus digne ouvrage,
En proie aux noirs projets de leur jalouse rage?
Est-ce un crime pour lui que d'avoir mérité
De jouir, comme vous, de l'immortalité?
Et n'est-ce point assez qu'une main parricide
Ait terminé les jours de l'illustre AEacide?
Abandonnerez-vous son fils infortuné
Au malheur qui poursuit le sang dont il est né?
Non, il ne mourra point; le mien en vain l'ordonne.
Je dois tout à Pyrrhus, ma gloire, ma couronne,
Et la vie; et, pour dire encor plus pour un roi,
Je lui dois d'un ami le secours et la foi:
Il ne l'éprouvera légere ni perfide.

SCENE II.

ANDROCLIDE, GLAUCIAS.

GLAUCIAS.

Mais qu'est-ce que je vois? n'est-ce point Androclide?
Eh! que viens-tu chercher dans ces funestes lieux,
Près d'un roi le jouet du sort injurieux?

ANDROCLIDE.

Seigneur, un sort plus doux n'a pas servi le zele
D'un sujet malheureux, et cependant fidele,
Peu digne des honneurs dont il fut revêtu,
Capitaine sans gloire, et soldat sans vertu,
Que l'Illyrie a vu de retraite en retraite
Mendier des secours garants de sa défaite,
Réduit à déclarer la honte et le malheur
D'un combat dont un autre a remporté l'honneur.
Cassander m'a vaincu; sa fureur et ma fuite
N'ont laissé qu'un bûcher dans l'Épire détruite.
Tout ce qu'avoit conquis la valeur d'Hélénus,
Tout ce que j'avois fait en faveur de Pyrrhus,
A suivi le succès d'une lâche victoire,
Que le tyran obtint et poursuivit sans gloire;
Et, pour comble de maux, seigneur, je vous revoi
Parmi des ennemis sans honneur et sans foi.

PYRRHUS.

Puis-je, sans succomber à ma frayeur extrême,
Voir le roi d'Illyrie avec Néoptolême?

GLAUCIAS.

Calme le vain effroi dont ton cœur est saisi;
Un intérêt plus grand doit le toucher ici.
Mes pertes, mes périls n'ont rien d'assez terrible
Pour un roi que l'honneur éprouve seul sensible.
Tu ne sais pas encor jusqu'où va mon malheur :
Apprends tout. Mais, avant que de t'ouvrir mon cœur,
Prends garde si quelqu'un ne pourroit nous entendre.
Pyrrhus avec le jour près de moi doit se rendre.
Le soleil va bientôt se montrer à nos yeux,
Et c'est Pyrrhus sur-tout que je crains en ces lieux.

ANDROCLIDE.

Vous me parlez toujours d'un roi que je révere.
Vous savez à quel point je fus chéri du pere.
Lorsque Néoptolême, armé contre ses jours,
Par un noir parricide en eut tranché le cours,
Vous savez que c'est moi qui, trompant le perfide,
Sauvai de sa fureur les enfants d'AEacide.
Je vous remis Pyrrhus encor dans le berceau,
Qui, pour lui, sans vos soins, eût été son tombeau.
Pénétré des malheurs qui l'avoient poursuivie,
Vous jurâtes, seigneur, de défendre sa vie :
Mais depuis que Pyrrhus est en votre pouvoir
Il ne m'a pas été permis de le revoir;

ACTE I, SCENE II.

Et c'est des immortels le seul bien que j'implore.

GLAUCIAS.

Tu l'as vu mille fois, tu vas le voir encore.
Tes yeux peuvent-ils bien se méprendre à Pyrrhus?
Quoi! tu peux méconnoître, en voyant Hélénus,
La majesté des traits du redoutable Achille,
Sa fierté, sa valeur, son courage indocile,
Un héros, en un mot, si digne de celui
Dont le nom seul encor fait trembler aujourd'hui;
Qui n'a point démenti le sang qui l'a fait naître
(Il en est digne autant qu'un mortel le peut être);
Qui reçut dans son cœur, avec le sang des dieux,
Tout l'éclat des vertus que l'on adore en eux;
Qui fit à l'univers, dès l'âge le plus tendre,
Par un nouvel Achille oublier Alexandre!
Du nom de ses aïeux s'il n'est pas informé,
Son grand cœur se sent bien du sang qui l'a formé.
Il passe pour mon fils, et ma tendresse extrême
Redouble chaque jour pour cet autre moi-même.
Mais, hélas! que lui sert ma funeste amitié,
Quand les dieux et le sort sont pour lui sans pitié?

ANDROCLIDE.

J'ai toujours soupçonné, malgré votre silence,
Que Pyrrhus, en secret élevé dès l'enfance,
Sous le nom d'Hélénus cachoit dans votre fils
Le précieux dépôt que je vous ai remis.

PYRRHUS.

Mais, seigneur, quel péril si pressant le menace,
Lui dont tout l'univers craint le bras et l'audace?
Pyrrhus est-il de ceux pour qui l'on doit trembler?

GLAUCIAS.

Le coup est cependant tout prêt à l'accabler.
Tu sais, lorsqu'Hélénus eut reconquis l'Épire,
Qui fut de ses aïeux le légitime empire,
Que je te confiai le soin de conserver
Ces états qu'en secret j'avois fait soulever,
Et dont enfin je fis sortir Néoptolême.
Hélénus, n'écoutant que son ardeur extrême,
Poursuivit l'inhumain qui fuyoit devant lui.
Cassander le reçut, et devint son appui;
Cassander, de tout temps ennemi de d'AEacide,
Arma pour soutenir son ami parricide:
Mais ils crurent en vain arrêter le vainqueur;
Hélénus remplit tout de carnage et d'horreur,
Les atteignit enfin vers les murs d'Ambracie:
Lieu fatal! jour funeste au repos de ma vie!
Hélénus, plein d'ardeur et l'œil étincelant,
N'avoit jamais paru ni plus fier ni plus grand.
Mais s'il fit voir alors Achille formidable,
Il ne nous fit pas voir Achille invulnérable:
Il fut blessé. Mon fils, jaloux de sa valeur,
Crut pouvoir par lui seul réparer ce malheur,
Et poursuivre sans crainte une sûre victoire

ACTE I, SCENE II.

Dont Hélénus devoit s'attribuer la gloire;
Mais ce fut pour servir de triomphe au vainqueur:
Il fut défait et pris. Juge de ma douleur
Quand je vis Illyrus tomber en la puissance
De ceux qu'au désespoir réduisoit ma vengeance.
A peine je rendis un reste de combat:
Hélénus languissoit, et manquoit au soldat,
Qui, l'ayant vu couvert de sang et de poussiere,
Et croyant qu'il touchoit à son heure derniere,
Malgré mes vains efforts plia de toutes parts;
Et je me crus enfin, après mille hasards,
Trop heureux de pouvoir regagner l'Illyrie,
Moi qui me préparois à conquérir l'Asie.

ANDROCLIDE.

L'état où j'ai trouvé votre peuple réduit
De ce cruel revers ne m'a que trop instruit.
Mais quel que soit ici le sort qui le menace,
Vous pouvez d'Illyrus réparer la disgrace.
Seigneur, dès qu'Hélénus survit à ce malheur,
Quelle perte pourroit étonner votre cœur?
Je ne vois point encor ce que vous devez craindre.

GLAUCIAS.

Écoute, et tu verras si mon sort est à plaindre.
Néoptolême, enflé de ses heureux succès,
Prétend s'en assurer le fruit par une paix.
Il sait que Pyrrhus vit, et que j'en suis le maître;

Que son intérêt seul m'arme contre le traître :
Il m'a fait proposer de lui livrer Pyrrhus,
Qu'il mettoit à ce prix le salut d'Illyrus ;
Mais que, pour épargner mon honneur et ma gloire,
Et ne me point souiller d'une action si noire
Qui décréditeroit et mon nom et ma foi,
Cet article seroit entre lui seul et moi.
Dans ce cruel séjour voilà ce qui m'amene.
Lysimachus, qui veut terminer notre haine,
S'est de lui-même offert pour garant du traité :
Néoptolême et moi nous l'avons accepté ;
Tous deux depuis huit jours dans les murs de Byzance,
Nous nous sommes tous deux remis en sa puissance.
Enfin Lysimachus, garant de notre paix,
A de soldats sans nombre investi ce palais ;
Nul n'en sauroit sortir sans un ordre suprême
Qui vienne de ma part ou de Néoptolême,
Qu'on laisse cependant disposer de mon fils :
Mais le barbare y met un trop indigne prix.
Il veut plus, il prétend s'unir à ma famille ;
Fier du penchant qu'il voit en mon fils pour sa fille,
Il prétend qu'elle soit le lien d'une paix
Qu'aux dépens de Pyrrhus on ne verra jamais.
Non, le ne puis souffrir qu'une si belle vie
Serre les nœuds sanglants de l'hymen d'Éricie ;
Et ce même Pyrrhus met au rang de ses dieux

L'objet qui de son sang est le prix odieux.

ANDROCLIDE.

Pourquoi l'ameniez-vous en ce séjour funeste ?
Quels sont donc vos desseins ? et quel espoir vous reste ?

GLAUCIAS.

Que veux-tu que je fasse ? on me retient mon fils,
Et Pyrrhus a trop fait trembler mes ennemis.
Néoptolême a craint que, fier de mon absence,
Ce héros n'entreprît de surprendre Byzance ;
Enfin il a voulu qu'il me suivît ici :
Mais je mourrois plutôt... Taisons-nous, le voici.
Garde-toi bien sur-tout de lui faire connoître
Quel péril le menace, et quel sang l'a fait naître.
Va, ne t'éloigne point de cet appartement.

SCENE III.

GLAUCIAS, HÉLÉNUS, CYNÉAS.

HÉLÉNUS, *à Cynéas*.

Allez, cher Cynéas ; laissez-nous un moment.

SCENE IV.

HÉLÉNUS, GLAUCIAS.

GLAUCIAS.

Approchez, Hélénus; venez, fils magnanime,
Unique espoir d'un roi que le destin opprime.
Voici le jour cruel marqué par sa fureur
Pour éclairer ma honte, ou me percer le cœur:
Il faut livrer Pyrrhus, ou perdre votre frere,
Et je ne puis livrer qu'une tête bien chere.

HÉLÉNUS.

Je ne dois point parler en faveur de Pyrrhus,
Ni prononcer, seigneur, sur le sort d'Illyrus :
Je vois que tous les deux vous tiennent en balance,
Et je dois sur tous deux observer le silence.
L'un ne m'est pas connu, mais il a votre foi;
L'autre doit m'être cher, mais doit être mon roi;
Et je ne puis servir ni perdre l'un ou l'autre
Sans trahir mon honneur ou sans blesser le vôtre,
Sans me rendre, seigneur, suspect d'ambition,
Ou sans vous conseiller une indigne action.
Un roi né généreux, un pere né sensible
Peut lui seul prononcer sur un choix si terrible,
Où l'honneur et le sang doivent seuls vous guider,

Où le pere et l'ami doivent seuls décider.
Daignez me dispenser d'en dire davantage
Sur ces combats affreux où votre cœur s'engage.
Seigneur, dès qu'il s'agit de si grands intérêts,
Hélénus craint sur-tout les reproches secrets.
J'avoûrai cependant que ce Pyrrhus m'étonne :
Est-il digne des soins qu'un si grand roi se donne?
Vous faites tout pour lui, que fait-il donc pour vous?
Et quel déguisement le cache parmi nous?
Peut-il être, en ces lieux, si voisin d'un perfide,
Sans le sacrifier aux mânes d'AEacide,
Sans faire pour mon frere un généreux effort?
Un descendant d'Achille a-t-il peur de la mort?

GLAUCIAS.

Mon fils, n'insultez point au malheur qui l'opprime :
Pyrrhus n'en est pas moins digne de notre estime.
Dans l'état où je suis pourroit-il me venger
Sans mettre mon honneur et mes jours en danger?
Le fier Lysimachus nous tient tous pour otages;
Mais ma foi suffisoit sans ces précieux gages :
Mon ennemi lui-même ose s'y confier,
Sûr qu'à sa foi mon cœur sait tout sacrifier.
Adieu : je vais revoir ce tyran que j'abhorre,
Le fléchir, s'il se peut, ou le tenter encore.
Que n'offrirai-je point pour Pyrrhus et mon fils!
Mon cœur pour les sauver ne connoît point de prix.

SCENE V.

HÉLÉNUS.

O roi trop vertueux! un exemple si rare
Puisse-t-il désarmer un ennemi barbare,
Et servir de leçon aux rois peu généreux
A ne pas délaisser leurs amis malheureux!
Hélas! que je vous plains, et que je vous admire!
Sentiments de vertu que la pitié m'inspire,
Mon frere peut périr, mon frere est mon rival:
Ne vous devrois-je point à mon amour fatal?
Ah! n'est-ce point à lui que l'honneur sacrifie?
Mon frere ainsi que moi brûle pour Éricie.
Prends garde qu'en ton cœur, trop sensible Hélénus,
Éricie aujourd'hui ne parle pour Pyrrhus;
Fais-toi d'autres vertus dont le choix légitime
N'offre point avec lui l'apparence du crime.
Quand du moindre intérêt le cœur est combattu,
Sa générosité n'est plus une vertu.
Mon frere est dans les fers d'un ennemi perfide,
Monstre nourri de sang, et de meurtres avide;
Voilà ce qui me doit parler pour Illyrus.
Laissons aux dieux le soin du malheureux Pyrrhus;

Trop de pitié pour lui me touche et m'intéresse.
J'entends du bruit : on vient.

SCENE VI.

HÉLÉNUS, ÉRICIE, ISMENE.

HÉLÉNUS.

O ciel ! c'est la princesse !
(*à Éricie.*)
Madame, eh ! quel bonheur vous présente à mes yeux,
Lorsqu'à peine le jour vient d'éclairer ces lieux ?
Puisse cet heureux jour confirmer l'avantage
Que me fait espérer un si charmant présage !

ÉRICIE.

S'il dépendoit de moi de le rendre plus doux,
Seigneur, bientôt la paix régneroit entre nous.
J'allois offrir aux dieux les vœux les plus sinceres,
Les prier de fléchir la haine de nos peres.

HÉLÉNUS.

Le vôtre avec la paix offre ici votre main ;
Mais, hélas ! qu'il en fait un présent inhumain !
Juste ciel ! se peut-il que d'un objet si rare
Une aveugle fureur fasse un présent barbare,

Et que ce même hymen, qui combleroit nos vœux,
Soit devenu le prix du sang d'un malheureux!

ÉRICIE.

Seigneur, de ce présent j'ignore le mystere,
Et ne me charge point des secrets de mon pere :
Mais, s'il faut sans détour s'expliquer avec vous,
La paix n'est pas l'objet de vos vœux les plus doux;
Votre cœur, élevé dans le sein des alarmes,
N'interrompt qu'à regret le tumulte des armes :
Le sang, les cris, les pleurs, cent peuples gémissants,
Voilà pour vos pareils les objets ravissants.
Votre nom n'a-t-il pas assez rempli la terre?
Qu'a-t-il besoin encor des horreurs de la guerre?
Mon pere offre la paix, votre frere y consent;
Elle trouve en vous seul un obstacle puissant.
Votre haine pour nous éclate en ma présence,
Sans daigner un moment se contraindre au silence.
Je vois qu'en vain mon pere espéroit aujourd'hui
Vous trouver pour la paix de concert avec lui :
Ne me déguisez point ce qu'il en doit attendre;
Du moins accordez-lui la grace de l'entendre.
Ce prince vous demande un moment d'entretien,
J'ose vous en prier... Vous ne répondez rien!
Seigneur, vous frémissez au seul nom de mon pere!
Ah! je n'exigeois pas un aveu plus sincere.

ACTE I, SCENE VI.

HÉLÉNUS.

D'un reproche cruel accablez moins mon cœur,
Madame; je sens trop à qui j'en dois l'aigreur.
Je vois que pour la paix le vôtre s'intéresse,
Et je crois entrevoir le motif qui le presse.
Illyrus, avec vous de concert pour la paix,
A remis en vos mains de si chers intérêts;
Mais la guerre pour moi peut seule avoir des charmes,
Et je ne me nourris que de sang et de larmes:
Je suis un furieux que rien ne peut toucher.
Ah, madame! est-ce à vous de me le reprocher?
Si j'étois moins suspect de traverser mon frere,
Vous m'accuseriez moins de haïr votre pere.
Je ne vous nîrai pas que peut-être sans vous
Rien n'eût pu le soustraire à mon juste courroux;
Que ce même palais, notre commun asile,
N'auroit été pour lui qu'un rempart inutile:
Mais peut-il avec vous craindre des ennemis?
Les plus fiers ne sont pas ici les moins soumis;
Les cœurs nourris de sang et de projets terribles
N'ont pas toujours été les cœurs les moins sensibles.
Le mien éprouve enfin que les plus grands hasards
Ne se trouvent pas tous sur les traces de Mars.
Dès mes plus jeunes ans enchaîné par la gloire,
Je n'ai connu d'autels que ceux de la victoire;

PYRRHUS.
Mais vous m'avez appris qu'il n'étoit point de cœur
Qui ne dût à la fin redouter un vainqueur.
ÉRICIE.
A cet aveu si prompt j'ai dû si peu m'attendre
Que l'étonnement seul m'a forcée à l'entendre.
Mon pere est en ces lieux, seigneur; c'est avec lui
Qu'il falloit sur ce point s'expliquer aujourd'hui :
Je sais pour vos vertus jusqu'où va son estime,
Et la mienne jamais ne fut plus légitime.
Ainsi, loin d'affecter cet orgueil éclatant
Dont la fierté s'honore et le cœur se repent,
J'avoûrai sans détour que j'ai craint votre haine,
Et ne vous ai point vu notre ennemi sans peine,
Vous qui nous apprenez par cent faits glorieux
Qu'on peut voir des mortels aussi grands que les dieux,
Tels enfin qu'à l'amour un grand cœur inflexible
Pourroit les souhaiter pour devenir sensible :
Mais, malgré cet aveu que j'ai cru vous devoir,
L'estime est le seul bien qui soit en mon pouvoir;
Si votre amour ne peut se soumettre au silence,
Songez qu'il doit ailleurs porter sa confidence.
Mon pere veut vous voir : quels que soient ses desseins,
Vous savez peu fléchir, seigneur, et je vous crains.
Daignez vous souvenir que ce prince est mon pere,
Qu'il m'est cher encor plus que je ne lui suis chere,
Que jamais de son rang on ne fut plus jaloux.

Tout dépend de l'accueil qu'il recevra de vous.
Je crois après ce mot n'avoir rien à vous dire;
J'en ai même trop dit s'il ne peut vous suffire.

SCENE VII.

HÉLÉNUS.

O ciel! en quel état me trouvé-je réduit!
Cher espoir d'un amour qui m'avez trop séduit,
Vous m'offrez vainement la princesse que j'aime,
Mon cœur oublîra tout devant Néoptolême.
Qui? lui, m'entretenir! eh! que veut-il de moi?
Je ne sentis jamais tant d'horreur ni d'effroi.
J'abhorre ce tyran, et son aspect farouche
L'emporte dans mon cœur sur l'amour qui le touche.
N'importe, il faut le voir; n'allons point en un jour
Hasarder le succès d'un malheureux amour;
Quels que soient les transports dont mon ame est saisie,
Je sens que les plus grands sont tous pour Éricie.
Mais Illyrus paroît, sortons.

SCENE VIII.

ILLYRUS, HÉLÉNUS, GARDES.

ILLYRUS.

Prince, un moment.
J'ai besoin avec vous d'un éclaircissement.
　　(*à ses gardes.*)
Gardes, éloignez-vous. Répondez-moi, mon frere;
Puis-je avec vous ici m'expliquer sans mystere?

HÉLÉNUS.

Oui, seigneur, vous pouvez parler en liberté.

ILLYRUS.

Calmez donc les soupçons dont je suis agité.
Avec empressement vous cherchez Éricie,
Et je ne puis souffrir vos soins sans jalousie;
Vous savez que je l'aime, et vous n'ignorez pas
Que l'hymen à mon sort doit unir tant d'appas.
Avec elle en ces lieux que faisiez-vous encore?
Parlez.

HÉLÉNUS.

Je lui disois, seigneur, que je l'adore.

ILLYRUS.

Hélénus, songez-vous que vous parlez à moi,
Et qu'Illyrus un jour doit être votre roi?

ACTE I, SCENE VIII.

HÉLÉNUS.

Je vous obéirai quand vous serez mon maître,
Si le destin m'abaisse au point d'en reconnoître.
Jusque-là mon amour craint peu votre pouvoir.
Je sais jusqu'où s'étend la regle du devoir :
Mais, j'ignore, seigneur, ces tristes sacrifices
Qui font gémir un cœur en d'éternels supplices ;
Le mien, qui ne connoît ni crainte ni détour,
Regarde d'un même œil et la guerre et l'amour.
Sans le péril affreux dont le sort vous menace,
Vous verriez sur ce point jusqu'où va mon audace ;
Mais Hélénus, sensible autant que généreux,
N'a jamais su, seigneur, braver les malheureux.
Si l'amour vous livroit le cœur de la princesse,
Ma fierté suffiroit pour bannir ma tendresse ;
Mais si l'amour aussi daigne me l'accorder,
Jusqu'au dernier soupir je saurai le garder.
Adieu, seigneur.

SCENE IX.

ILLYRUS, GARDES.

ILLYRUS.

Ingrat, d'un orgueil qui m'offense
Je te ferai sentir jusqu'où va l'impuissance.

Illyrus, tu le vois, ce n'est plus un secret,
On ose t'avouer un amour indiscret,
Et l'on te brave encore! Ah! ma perte est jurée;
Mon rival m'a fait voir qu'elle étoit assurée.
Glaucias abandonne un fils infortuné,
Qu'on ne braveroit pas s'il n'étoit condamné.
On me voit dans les fers avec indifférence;
On n'a pour mon rival que de la déférence :
Glaucias à mes yeux le nomme son appui;
C'est son dieu tutélaire, enfin c'est tout pour lui.
Cependant, si j'en crois ma juste défiance,
Mon pere a de ce fils supposé la naissance :
Le mystere profond qu'il me fait de Pyrrhus,
Un respect qu'il ne peut cacher pour Hélénus,
Et sur ce point, malgré sa prévoyance extrême,
Quelques mots échappés à Glaucias lui-même,
N'éclaircissent que trop ses funestes secrets.
Hélénus, tu n'es pas ce que tu nous parois;
Je vois que c'est à toi que l'on me sacrifie,
Et je pourrois d'un mot mettre au hasard ta vie :
Mais un trait si perfide est indigne de moi,
Et je veux être encor plus généreux que toi.
Puisqu'on me l'a permis, allons trouver mon pere :
De ses délais enfin je perce le mystere;
Mais, sans nous prévaloir de son secret fatal,

Montrons-nous aujourd'hui plus grand que mon rival;
Humilions son cœur en lui faisant connoître
Des sentiments d'honneur qu'il n'auroit pas peut-être.

FIN DU PREMIER ACTE.

ACTE SECOND.

SCENE PREMIERE.

NÉOPTOLÈME, ÉRICIE.

NÉOPTOLÊME.
Vous ne m'apprenez rien de cette vive ardeur
Que je n'eusse déja pénétré dans son cœur :
Je n'ai vu qu'une fois ce guerrier invincible,
Qu'on dit par-tout ailleurs si fier et si terrible,
Mais à votre aspect seul, ma fille, aussi soumis
Qu'il paroît redoutable à tous ses ennemis.
Ainsi sur cet amour, que je prévois sincere,
Je vais vous découvrir mon ame tout entiere.
Je regne; mais combien m'a coûté ce haut rang!
Et qu'est-ce enfin qu'un sceptre encor souillé de sang?
Prétexte à mes sujets de recourir aux armes,
Source pour moi d'ennuis, de remords et d'alarmes.
Illyrus est vaillant; mais il n'est que soldat,
Et la seule valeur défend mal un état;

Héritier d'un grand roi, trop puissant, qui peut-être,
Au lieu d'un défenseur, me donneroit un maître.
J'ai besoin d'un héros qui, tenant tout de moi,
Trouve en mes intérêts de quoi veiller pour soi.
Hélénus, à la fois soldat et capitaine,
N'attend que du destin la grandeur souveraine;
En l'unissant à vous par un sacré lien,
Je m'en fais pour moi-même un éternel soutien.
Il est né généreux, et sa reconnoissance
Ne m'envîra jamais la suprême puissance.
Voilà le successeur que je me suis choisi,
Et c'est pour l'en presser que je l'attends ici.
D'ailleurs, qui mieux que lui peut engager son pere
A sacrifier tout à ma juste colere?
Chéri de Glaucias, c'est le seul Hélénus
Qui pourra le forcer à me livrer Pyrrhus.

ÉRICIE.

Seigneur, sur ses projets, qu'un grand roi lui confie,
Daignera-t-il entendre un moment Éricie?
Je n'examine point quel sera mon époux;
Son choix, vous le savez, ne dépend que de vous.
Ainsi j'obéirai. Ce qui me reste à dire,
C'est votre gloire ici qui seule me l'inspire.
D'un cœur rempli pour vous d'amour et de respect,
Quel sentiment, seigneur, pourroit être suspect?
Souffrez que, m'élevant jusqu'à Néoptolême,

J'aille, sans l'offenser, le chercher dans lui-même.
C'est l'univers entier qui parle par ma voix;
J'ose l'interpréter pour la premiere fois.
Vous vous êtes vengé; le meurtre d'AEacide
Pour tout autre qu'un roi seroit un parricide:
Mais si vous répandez le reste infortuné
De ce sang que les dieux vous ont abandonné,
Les intérêts d'état, le trône, et ses maximes,
La politique enfin, voile de tant de crimes,
Ne seront désormais que de foibles garants
Pour vous sauver des noms qu'on prodigue aux tyrans.
Quand même à vos desirs son fils pourroit souscrire,
Glaucias voudra-t-il qu'il regne sur l'Épire;
Que du sang de Pyrrhus il achete ma main,
D'un sang que deux grands rois redemandent en vain;
Lui qui, pour conserver une tête si chere,
Semble avoir étouffé les sentiments d'un pere?
Si vous vous attachez le grand cœur d'Hélénus,
Que peut vous importer le trépas de Pyrrhus?
Laissez vivre, seigneur, un prince dont la vie
D'aucun malheur pour vous ne peut être suivie.
AEacide, ennemi des princes de son sang,
Vous força, malgré vous, de lui percer le flanc.
Si sa mort fut pour vous un crime involontaire,
Que son inimitié vous rendit nécessaire,
Le salut de son fils, qui peut seul l'expier.

Plus nécessaire encor, doit vous justifier.
Et vous vous attachez à la seule victime
Qui pouvoit expier ou consommer le crime!

NÉOPTOLÊME.

Tant que Pyrrhus vivra, mes sujets ennemis,
A ce funeste nom, se croiront tout permis;
Et le fier Hélénus, fût-il plus grand encore,
Ne me sauveroit point d'un peuple qui m'abhorre.
Les dieux, en me livrant le superbe Illyrus,
Ont prononcé l'arrêt du malheureux Pyrrhus:
Il m'a fait trop trembler; il est temps qu'il périsse.
Glaucias m'en refuse en vain le sacrifice;
Je ne peux qu'à ce prix arrêter ses projets,
Et fixer entre nous une constante paix.
Son cœur en gémira; mais votre hymen, ma fille,
Unissant pour jamais l'une et l'autre famille,
Calmera la douleur d'un roi trop généreux,
Qui peut, par cet hymen, rendre Hélénus heureux.
Que Glaucias y soit favorable ou contraire,
Du trépas de Pyrrhus rien ne peut me distraire.
Que l'univers alors éclate contre moi;
Un crime nécessaire est pour nous une loi.
Voulez-vous qu'écoutant un discours téméraire
J'asservisse le sceptre aux erreurs du vulgaire?
Heureux qu'à notre égard son imbécillité
Nous assure du moins de sa docilité!

A tout ce qui nous plaît c'est à lui de souscrire.
Dès que, sans le troubler, il nous laisse l'empire,
Laissons-lui des discours dont il est si jaloux :
Ce qui fait ses vertus seroit vice pour nous.
Le peuple, en ce qui flatte ou choque sa manie,
Trouve de la justice ou de la tyrannie.
Nous ne nous réglons point au gré de ses erreurs :
Les dieux ont leur justice, et le trône a ses mœurs.
Mais Glaucias paroît; ma fille, allez m'attendre.

SCENE II.

NÉOPTOLÈME.

Quel dessein le conduit? et que vient-il m'apprendre?

SCENE III.

GLAUCIAS, NÉOPTOLÈME.

GLAUCIAS.

Seigneur, vous triomphez; Androclide est défait.
Je ne sais si sa honte est pour vous un secret;
Mais sous vos lois l'Épire est désormais réduite;
Cassander l'a soumise, ou plutôt l'a détruite.
Je ne vous cache point les pertes que je fais,

Et je vous viens moi-même annoncer vos succès.
Le destin vous éleve, et le ciel m'humilie;
J'ai commandé long-temps, aujourd'hui je supplie.
Voyons l'usage enfin qu'en nos succès divers
Vous ferez du triomphe, et moi de mes revers.
L'infortuné Pyrrhus n'est plus pour vous à craindre;
Sans être trop humain, je crois qu'on peut le plaindre:
La pitié, sur ce point, dans un cœur irrité,
N'a pas même besoin de générosité.
J'ai protégé sans fruit ce prince déplorable:
Tout s'arme contre lui; tout vous est favorable;
Mais vous connoissez trop ma constance et ma foi
Pour croire que le sort soit au-dessus de moi.
Je ne vous parle point d'une vaste puissance
Qui vous fit si long-temps éprouver ma vengeance;
A peine votre cœur se seroit satisfait
Que vous savez assez quel en seroit l'effet.
Régnez donc, puisque ainsi le destin en ordonne;
Sans remords et sans droit gardez une couronne
Qu'un autre nommeroit le prix de vos forfaits,
Que je vais cependant consacrer par la paix.
Je rends à Cassander la Macédoine entiere;
Tout ce que j'ai conquis sera votre frontiere;
Je n'armerai jamais en faveur de Pyrrhus,
Et je consens enfin à l'hymen d'Illyrus.
Je fais plus: je promets, seigneur, que votre vie

Jamais, de mon aveu, ne sera poursuivie;
Qu'à Pyrrhus je tairai son nom et ses aïeux.
J'en jure par ce fer, j'en jure par les dieux.
J'ai tout dit: répondez.

NÉOPTOLÊME.

Où donc est l'avantage
D'une paix dont Pyrrhus ne seroit pas le gage?
Il est vrai que mon sort, seigneur, a bien changé;
Mais, pour vous craindre moins, en suis-je plus vengé?
L'Épire en sera-t-elle à mes lois plus soumise,
Mes jours plus à couvert d'une lâche entreprise?
Si Pyrrhus se connoît, pourra-t-il oublier
Que son pere fut roi, qu'il eut un meurtrier,
Qu'il vit, et qu'entre nous un coup irréparable
Doit opposer sans cesse un vengeur au coupable?
Malgré les nœuds du sang dont nous sortions tous deux,
Il fallut m'immoler un roi trop soupçonneux;
Je ne m'en cache point: si c'est un parricide,
On ne doit l'imputer qu'aux rigueurs d'AEacide.
Son trône, après sa mort, étoit le seul abri
Que je pusse choisir à mon honneur flétri;
Je ne vis qu'un bandeau qui pût sauver ma tête:
La force en fit le droit, un meurtre la conquête,
Il est vrai; mais combien de trônes sont remplis
Par les usurpateurs qui s'y sont établis?
Votre aïeul en fut un; j'en nommerois mille autres

Qui n'eurent pour régner d'autres droits que les nôtres.
Quoi qu'il en soit, seigneur, je demande Pyrrhus,
Et ne peux qu'à ce prix relâcher Illyrus.
De vos soins vertueux outrez moins la chimere,
Et ressouvenez-vous que vous êtes son pere;
Que, s'il périt, c'est vous qui le voulez ainsi;
Que c'est vous, plus que moi, qui l'immolez ici;
Enfin, que c'est vous seul qui m'imposez un crime
Que la nécessité va rendre légitime.
Vous m'entendez, seigneur; adieu: point de traités,
Si du sang de Pyrrhus vous ne les cimentez.

GLAUCIAS.

Ah, cruel! arrêtez : puisqu'il vous faut un gage,
Si c'est peu de ma foi, prenez-moi pour otage;
Je suis prêt à vous suivre en ces mêmes climats
Où j'ai porté cent fois la flamme et le trépas.
Si ce n'est pas assez de vous céder un trône,
Prenez encor le mien, et je vous l'abandonne :
Mais ne réduisez point un prince vertueux
A trahir en Pyrrhus son honneur et ses dieux.
Quand je reçus ce prince échappé de vos armes,
Son berceau fut long-temps arrosé de mes larmes.
Je regardai Pyrrhus comme un présent divin
Que le ciel m'ordonnoit de cacher dans mon sein.
Enfin, Pyrrhus m'est plus que si j'étois son pere;
Je répondrois aux dieux d'une tête si chere.

PYRRHUS.

Les serments les plus saints ont répondu de moi,
Et je mourrois plutôt que de trahir ma foi.
Il n'est fils ni sujets que je ne sacrifie
Au soin de conserver sa déplorable vie.

NÉOPTOLÈME.

Hé bien! vous pouvez donc, au sortir de ce lieu,
Aller dire à ce fils un éternel adieu.

GLAUCIAS.

Pour dérober ce fils à ta main meurtriere,
Je me suis abaissé jusques à la priere;
Mais c'est trop honorer un lâche tel que toi
Que de lui témoigner le plus léger effroi.
Je brave ta fureur, si tu braves ma plainte :
Un monstre doit causer plus d'horreur que de crainte.
Délivre ou perds mon fils, je le laisse à ton choix,
Et je cours l'embrasser pour la derniere fois.
Oui, barbare, je vole à cet adieu funeste;
Mais toi, tremble en songeant au vengeur qui me reste.

SCENE IV.

NÉOPTOLÈME.

Dans quel étonnement laisse-t-il mes esprits!
Peut-on jusqu'à ce point abandonner un fils?
Est-ce férocité, vertu, devoir, courage?

De quel nom appeler ce bizarre assemblage?
Quel oubli de soi-même! et quel mélange affreux
De pere sans tendresse, et d'ami généreux!
Dépouille-t-on ainsi des entrailles de pere?
Quelles sauvages mœurs! ou plutôt quel mystere!
Je l'ai trop admiré sur sa fausse vertu:
De soins bien différents un pere est combattu.
Glaucias m'abusoit; et son indifférence
Pour un fils sur qui va retomber ma vengeance
Me fait voir où mon bras doit adresser ses coups.
Je reconnois enfin l'objet de mon courroux;
Il est entre mes mains: le prince d'Illyrie
N'est autre que Pyrrhus que l'on me sacrifie.
Puis-je en douter encor?

SCENE V.

HÉLÉNUS, NÉOPTOLÊME.

NÉOPTOLÊME, *à part.*

Mais je vois Hélénus:
J'éclaircirai bientôt mes soupçons sur Pyrrhus.
(*à Hélénus.*)
Héros dont les exploits font revivre Alexandre,
Ou plutôt qui semblez renaître de sa cendre;
Qui, jeune encore, osez faire voir aux humains

PYRRHUS.

Qu'on peut même prétendre à de plus hauts destins ;
Souffrez qu'un ennemi, sorti du sang d'Achille,
Sang qui n'offrit jamais un hommage servile,
S'acquitte cependant des innocents tributs
Que tout cœur généreux doit rendre à vos vertus.
Le mien, quoique irrité d'une guerre inhumaine,
Vous partagea long-temps son estime et sa haine :
Mais l'estime eut toujours de quoi la surpasser ;
Et ce que l'une a fait, l'autre veut l'effacer.
J'ai proposé la paix, et la main d'Éricie ;
Je l'ai moi-même offerte au prince d'Illyrie.
Pouvois-je présumer que ses foibles attraits,
D'un triomphe plus beau comblant tous mes souhaits,
Subjugueroient, seigneur, un guerrier intrépide,
Qui de nouveaux lauriers paroît toujours avide ?
C'est à lui que je parle ; et je n'ai pas besoin
De rappeler ses traits et son nom de plus loin.
Daignez me confirmer un amour qui me flatte.
Les moments nous sont chers ; que cet amour éclate,
Seigneur : c'est un aveu que j'exige de vous ;
Et je n'en puis entendre un qui me soit plus doux.

HÉLÉNUS.

Les charmes d'Éricie, et tout ce qu'elle inspire,
En disent plus, seigneur, que je n'en pourrois-dire ;
Heureux si les vertus dont vous m'avez flatté
Lui paroissoient d'un prix digne de sa beauté !

Il est vrai que je l'aime, et n'en fais point mystere;
J'ai cru même devoir l'avouer à mon frere :
Mais Glaucias l'ignore; et du don de ma foi
Je ne puis disposer sans l'aveu de mon roi.
Mon cœur, indépendant du pouvoir arbitraire,
Se livre sans contrainte à ce qui peut lui plaire;
Mais cette liberté n'étend pas son pouvoir
Jusqu'à braver les lois d'un trop juste devoir.
Je fais gloire du mien, et jamais pour un pere
Amour ne fut plus grand, ni respect plus sincere;
Mais c'est moins en sujet que je lui suis soumis
Que par des sentiments qui sont plus que d'un fils.

NÉOPTOLÊME.

S'il est vrai qu'Hélénus brûle pour Éricie,
Prince, je réponds d'elle et du roi d'Illyrie.
Glaucias vous chérit, et verra sans regret
Le choix que mon estime et votre amour ont fait.
Quel successeur plus grand et plus digne d'Achille
Pouvois-je présenter à l'Épire indocile?
Qu'il m'est doux de pouvoir, en couronnant vos feux,
Rendre à la fois ma fille et mes sujets heureux!

HÉLÉNUS.

Cessez de vous flatter d'une espérance vaine :
Glaucias à la paix peut immoler sa haine,
Mais ne souffrira point que je sois possesseur
D'un trône dont Pyrrhus est le seul successeur.

PYRRHUS.

Nos malheurs, il est vrai, vous en ont rendu maître,
Et tant que vous vivrez vous pourrez toujours l'être.
Je doute cependant qu'on vous laisse jamais
Le droit d'en disposer au gré de vos souhaits.
Mon hymen, ou celui du prince d'Illyrie,
Pourra vous garantir et le sceptre et la vie;
Mais Pyrrhus, après vous reprenant tous ses droits,
A l'Épire, seigneur, doit seul donner des lois.
Qui peut lui disputer alors ce diadême?
Et, malgré mon amour, savez-vous si moi-même
Je pourrois consentir à l'en voir dépouiller,
Et d'un trône usurpé ma gloire se souiller?

NÉOPTOLÊME.

Et quel est donc le but de la paix qu'on demande,
S'il faut que de Pyrrhus ma couronne dépende?
Je n'aurai donc vaincu que pour être soumis,
Et que pour voir sur moi régner mes ennemis;
Que pour voir un hymen qui dépouille ma fille
Comme une grace encor qu'on fait à ma famille?
Le sort, en remettant la victoire en nos mains,
Nous a fait concevoir de plus nobles desseins.

HÉLÉNUS.

Oui, vous avez vaincu; mais l'honneur et la gloire
Ne suivent pas toujours le char de la victoire:
Il en est qu'on ne doit imputer qu'au hasard:
La vôtre est de ce rang; le sort vous en fit part;

ACTE II, SCENE V.

Et l'arracha des mains d'un ennemi terrible,
Dont vous n'aviez pas cru la défaite possible.
Si mon sang répandu vous a fait triompher,
Ce n'est pas vous du moins qui le fîtes couler.
Le sort à mes pareils peut garder un outrage ;
Mais l'on n'obtient sur eux de parfait avantage
Qu'on ne les ait privés de la clarté du jour,
Ou l'on n'en peut trop craindre un funeste retour.
Seigneur, je vous ai dit que j'aimois la princesse ;
Ses charmes peuvent seuls égaler ma tendresse :
Mais je n'ai desiré que son cœur et sa main.
Ma valeur peut lui faire un assez haut destin,
Sans que j'aille à Pyrrhus ravir un diadême
Qui déshonoreroit votre fille elle-même.
Pour vous, qui vous osez déclarer mon vainqueur,
Montrez des sentiments dignes de tant d'honneur.

NÉOPTOLÊME.

Je vois bien qu'il est temps que je me fasse entendre,
Et que vous sachiez, vous, ce que j'ose prétendre.
Je ne sais de quel prix Éricie est pour vous ;
Mais, si de l'obtenir votre amour est jaloux,
Si sa main est un bien qui vous semble si rare,
Il faut qu'à me servir votre cœur se prépare.
Je demande Pyrrhus ; ma fille est à ce prix :
Tout autre n'est pour moi que refus ou mépris.
Voilà ce que de vous exige ma vengeance.

PYRRHUS.
Vous, qui sur Glaucias avez tant de puissance,
Portez-le dès ce jour à remplir mes souhaits,
Ou déterminez-vous à ne nous voir jamais.

HÉLÉNUS.
Vous-même eussiez en vain tenté cette entrevue,
Sans les soins d'Éricie, à qui seule elle est due:
Mais sur cet entretien si l'on m'eût pressenti,
Un mépris éternel m'en auroit garanti.
Barbare, voilà donc le fruit de votre estime!
Un hymen, qui pour dot m'apporteroit un crime!
Dès qu'il faut s'allier à vous par un forfait,
Gardez à Cassander ce funeste bienfait,
Et ne vous vantez plus d'être du sang d'Achille.
Ce sang, qui fut toujours en héros si fertile,
Ne pourroit inspirer des sentiments si bas:
Vous en êtes souillé; mais vous n'en sortez pas.
Si je pouvois penser que la jeune Éricie
Eût reçu vos penchants de vous avec la vie,
Ce ne seroit pour moi qu'un objet plein d'horreur.
Cruel, si vous voulez lui conserver mon cœur,
Déguisez mieux du moins cet affreux caractere
Qui me feroit rougir de vous nommer mon pere.
Montrez-moi des vertus qui vous fassent aimer,
Et qui dans mon amour puissent me confirmer.
Ce n'est pas votre rang, c'est la vertu que j'aime;
Sans elle vous m'offrez en vain un diadème.

Dussiez-vous m'élever à des honneurs divins,
Je vous préférerois le plus vil des humains.
Je me vois à regret forcé de vous confondre;
Mais vous deviez prévoir ce que j'ai dû répondre.

NÉOPTOLÊME.

Hé bien! prince, suivez ces transports généreux;
Mais ressouvenez-vous que, pour vous rendre heureux,
J'ai voulu pénétrer jusqu'au fond de votre ame,
Et voir ce que pour nous oseroit votre flamme;
Car sans votre secours je serai satisfait.
Vous m'avez de Pyrrhus fait en vain un secret:
Il est en mon pouvoir; c'est Illyrus lui-même,
Que son triste destin livre à Néoptolême.

HÉLÉNUS.

Qui? lui, Pyrrhus, seigneur! Mais non, pensez-y bien...

NÉOPTOLÊME.

Adieu : vous-même ici pesez notre entretien.
Je n'oublîrai jamais un refus qui me blesse,
Et j'en vais de ce pas instruire la princesse.

SCENE VI.

HÉLÉNUS.

Ah, tyran! de quel trait viens-tu frapper mon cœur?
Vertu, dont les transports me coûtent mon bonheur,

Pour le prix de t'avoir sacrifié ma flamme,
Sauve-moi des regrets qui déchirent mon ame;
Tourne vers mon rival mes soins et ma pitié,
Et ranime pour lui ma premiere amitié.
Illyrus est Pyrrhus! mais d'où vient que mon pere
M'en a fait si long-temps un barbare mystere?
M'auroit-il soupçonné d'être moins généreux,
Et moins touché que lui du sort d'un malheureux?
Hélas! quoi qu'il ait fait pour défendre sa vie,
Tout ce qu'il a perdu valoit-il Éricie?
C'est Pyrrhus qui me l'ôte; et, par un sort fatal,
Je suis réduit encore à pleurer mon rival!
Allons trouver mon pere, et cessons de nous plaindre;
Étouffons sans regret des feux qu'il faut éteindre.
Voilà des ennemis dignes de mon courroux;
Le triomphe du moins en est beau, s'il n'est doux.
Héros, qui pour tout bien recherchez la victoire,
Qu'un peu de sang perdu couvrit souvent de gloire,
Pour en savoir le prix, c'est peu d'être guerrier;
Il faut avoir un cœur à lui sacrifier.

FIN DU SECOND ACTE.

ACTE TROISIEME.

SCENE PREMIERE.

ÉRICIE, ISMENE.

ÉRICIE.

Tu combats vainement mon désespoir funeste;
La plainte, chere Ismene, est tout ce qui me reste.
Laisse-moi le seul bien des cœurs infortunés
Que sous d'indignes lois l'amour tient enchaînés.
Lieux témoins de ma honte et d'un perfide hommage,
Payé de tout mon cœur, et suivi d'un outrage;
Lieux où j'ai cru soumettre un héros à mes lois,
Hélas! je vous vois donc pour la derniere fois!
Pardonne ces transports à mon ame éperdue:
On me méprise, Ismene, et la paix est rompue.
Nous reverrons bientôt, l'acier cruel en main,
Fondre dans nos états un guerrier inhumain;
Et, pour comble de maux, il faut partir, Ismene,
Sans pouvoir contre lui faire éclater ma haine.

Je fais, pour le trouver, des souhaits superflus :
Inutiles transports! je ne reverrai plus
Ce cruel Hélénus, que ma raison abhorre,
Que ma gloire déteste, et que mon cœur adore.

SCENE II.

HÉLÉNUS, ÉRICIE, ISMENE.

ÉRICIE.

Ismene, je le vois: ah! mortelles douleurs!
Je succombe, et n'ai plus que l'usage des pleurs.
Fuyons : n'exposons point au mépris d'un barbare
Les foiblesses d'un cœur où la raison s'égare.

HÉLÉNUS.

Près de voir succéder, peut-être pour jamais,
Les horreurs de la guerre aux douceurs de la paix,
Dans ce triste moment, où votre ame irritée
Contre un infortuné n'est que trop excitée,
M'est-il encor permis d'offrir à vos beaux yeux
Un amant qui ne peut que vous être odieux?
Si je ne vous croyois généreuse, équitable,
Madame, je craindrois de paroître coupable:
Mais que peut craindre un cœur qui remplit son devoir
Et qu'ai-je à redouter, que de ne vous plus voir?
Je ne vous dirai point que je vous aime encore;

Malgré ce que j'ai fait, mon ame vous adore.
Mes refus m'ont privé de l'espoir le plus doux,
Mais n'ont point étouffé ma tendresse pour vous.
D'un rigoureux honneur déplorable victime,
Tendre amant sans foiblesse, et coupable sans crime,
D'un vertueux effort touché sans repentir,
Mon cœur sent cependant tout ce qu'il peut sentir;
Et si, pour exciter le vôtre à la vengeance,
Ma générosité lui parut une offense,
S'il a pu souhaiter de me voir malheureux,
Non, jamais le destin n'a mieux rempli vos vœux.

ÉRICIE.

Que parlez-vous ici de haine et de vengeance?
Non, ne redoutez rien de mon indifférence.
Quel désespoir éclate? ou que soupçonnez-vous
Pour oser vous flatter d'un instant de courroux?
Cessez de vous troubler d'une frayeur si vaine;
C'est supposer l'amour que de craindre la haine:
Mais jusque-là mon cœur ne sait point s'enflammer;
C'est aux amants chéris, seigneur, à s'alarmer.

HÉLÉNUS.

Je sais que je dois peu ressentir leurs alarmes.
Je craignois d'avoir fait une injure à vos charmes;
Mais au ressentiment si mon cœur s'est mépris,
C'est qu'il se crut toujours au-dessus du mépris.
Ce n'est pas se flatter que de craindre, madame.

Jamais un faux orgueil n'a corrompu mon ame;
La vertu seule y mit une noble fierté,
Que l'amour laisse agir même avec dignité,
Qui n'a fait aujourd'hui que ce qu'elle a dû faire.
Heureux d'être un objet peu digne de colere,
Qui, n'osant me flatter de l'honneur d'être aimé,
Croit mériter du moins celui d'être estimé!
Madame, je vois trop qu'un récit peu fidele
M'a fait de mon devoir une lâche querelle.
Mais si votre courroux vous paroît trop pour moi,
Songez qu'ici le mien doit causer de l'effroi.
Ceux qui de mes refus ont noirci l'innocence
En recevroient bientôt la juste récompense,
Si mon amour pour vous ne daignoit retenir
Un bras qui n'est souvent que trop prompt à punir.
Malgré tous vos mépris, je sens que je vous aime;
Mais je n'ai jamais tant haï Néoptolême.
Si jamais votre cœur a pu trembler pour lui,
Dans les murs de Byzance arrêtez-le aujourd'hui.
Je souscris à la paix; qu'on me rende mon frere:
Osez le demander vous-même à votre pere;
Prévenez sur ce point un amant furieux,
Qui, hors vous, n'aura rien de sacré dans ces lieux.

ÉRICIE.

Cruel! c'est donc ainsi que votre amour s'exprime!
Voilà ce feu si beau qui pour moi vous anime,

ACTE III, SCENE II.

Et l'hommage d'un cœur qui ne se donne à moi
Que pour remplir le mien de douleur et d'effroi!
On m'aime, et cependant il faut que je fléchisse;
On m'adore, et c'est moi qui dois le sacrifice.
Il faut de mon devoir que j'étouffe la voix,
Et que de mon amant je subisse les lois.
De l'amour suppliant l'orgueil a pris la place,
Et je vois à ses soins succéder la menace,
Les refus, les mépris, la fierté, la terreur.
Vos transports les plus doux ne sont que de fureur.
Impétueux amant, dont l'ardeur téméraire
Ne déclare ses feux qu'en déclarant la guerre,
Inspira-t-on jamais l'amour par la frayeur?
C'est ainsi qu'Hélénus se rend maître d'un cœur!
Il ordonne en tyran; il faut le satisfaire.
Barbare, ma fierté vous devroit le contraire;
Je devrois n'écouter que mon juste courroux;
Mais je veux me venger plus noblement de vous:
Je veux qu'en gémissant Hélénus me regrette,
Et qu'il sente du moins la perte qu'il a faite.
Il ne tenoit qu'à vous de faire mon bonheur;
L'amour à cet espoir ouvroit déja mon cœur:
Heureuse de pouvoir offrir un diadême,
Sans rechercher en vous d'autre bien que vous-même!
Je ne me vengerai de vos refus honteux
Qu'en vous faisant rougir de mes soins généreux.

Puisque vous le voulez, je vais trouver mon pere,
Tenter pour le fléchir les pleurs et la priere;
Je vais pour vous, ingrat, tomber à ses genoux,
Et faire ce qu'en vain j'attends ici de vous.

SCENE III.

HÉLÉNUS.

O devoir! ta rigueur est-elle satisfaite?
Vois ce qui m'est offert, et ce que je rejette.
Quels bienfaits de ta part me feront oublier
Ce que tu m'as forcé de te sacrifier?
Ah, Pyrrhus! que le soin de défendre ta vie
Sera d'un prix cruel, s'il m'en coûte Éricie!

SCENE IV.

ILLYRUS, HÉLÉNUS, GARDES.

HÉLÉNUS.

Mais on vient: c'est lui-même. Hélas! pour m'attendrir,
Que d'objets à la fois viennent ici s'offrir!

ILLYRUS.

Seigneur, car je ne sais si je parle à mon frere,
Tant le sort entre nous a jeté de mystere!

Quoi qu'il en soit, avant que de quitter ce lieu,
J'ai cru devoir vous dire un éternel adieu,
Après avoir reçu ceux du roi d'Illyrie,
Dont je suis plus touché que de sa barbarie.
Quel autre nom donner à sa rigueur pour moi,
Quand je n'y trouve plus mon pere ni mon roi?
Par quel malheur son fils a-t-il cessé de l'être?
Ai-je déshonoré celui qui m'a fait naître?
Quel est donc ce Pyrrhus, pour lui d'un si haut prix?
Encor si c'étoit vous, j'en serois moins surpris.
Seigneur, vous soupirez; je vois couler vos larmes:
Ces pleurs me causeroient de mortelles alarmes
Si mon cœur étoit fait pour sentir de l'effroi.
Il s'émeut cependant de tout ce que je vois;
Une douleur si noble a de quoi me surprendre:
Ce n'est pas d'un rival que j'eusse osé l'attendre,
Ni me flatter qu'il dût être si généreux,
Lorsque tout abandonne un prince malheureux.
Non qu'à votre vertu j'eusse fait l'injustice
De croire votre amour de ma perte complice;
Mais si je n'ai rien craint de votre inimitié,
Je n'en attendois pas non plus tant de pitié.

HÉLÉNUS.

Seigneur, quelques transports qu'une maîtresse inspire,
La gloire et le devoir ont aussi leur empire.
Entre ce qui me plaît, et ce que je me dois,

PYRRHUS.

L'honneur seul a toujours déterminé mon choix.
Je n'ai pas, dans les soins d'une ardeur qui m'est chere,
Perdu le souvenir de mon malheureux frere;
Et, dût-il me haïr, même sans m'estimer,
Ses malheurs suffiroient pour me le faire aimer.
Je vois avec douleur le sort qu'on vous prépare,
Sans oser cependant immoler un barbare.
Ce palais est rempli de chefs et de soldats
Qu'un ordre redoutable attache sur mes pas.
Le fier Lysimachus, jaloux de sa puissance,
Ne laisse à mon courroux nul espoir de vengeance;
Et si je n'en craignois un funeste succès,
J'aurois bientôt troublé l'asile de la paix :
Mais la peur d'exposer la tête de mon pere
Me fait, en frémissant, étouffer ma colere;
Et l'horreur de vous voir en des fers odieux
La porte à des accès quelquefois furieux.
J'ose tout, je crains tout, sans savoir qu'entreprendre.
Je plains même Pyrrhus, et voudrois le défendre :
Heureux si son secret fût resté dans l'oubli !

ILLYRUS.

Vous n'êtes pas le seul qui le sachiez ici,
A qui ce Pyrrhus doit encor plus qu'il ne pense :
Mais on veut lui garder un généreux silence;
Et pour sauver ses jours on fait plus aujourd'hui
Que jamais Glaucias n'osa faire pour lui,

ACTE III, SCENE IV.

Lorsque tout engageoit à le faire connoître.

HÉLÉNUS.

Ah! laissons ce Pyrrhus, seigneur, quel qu'il puisse être :
Pénétré de son sort jusqu'au saisissement,
Mon cœur n'a pas besoin d'autre éclaircissement.
Je ne connois que vous en ce moment funeste.
Où le rival s'oublie, et l'ami seul vous reste.
Mais Glaucias paroît : retirez-vous, seigneur;
Votre aspect ne feroit qu'irriter sa douleur.
Daignez la respecter dans un malheureux pere,
Et me laisser le soin d'une tête si chere.

ILLYRUS.

Non, non, ce seroit trop en exiger de vous.
Je vous exposerois, seigneur, à son courroux.
Pour la derniere fois souffrez que je le voie.

SCENE V.

LAUCIAS, ILLYRUS, HÉLÉNUS, GARDES.

GLAUCIAS, *dans le fond du théâtre.*

Dieux cruels, dont sur moi la rigueur se déploie,
Si rien à la pitié ne vous peut émouvoir,
Jouissez de mes pleurs et de mon désespoir.
Que vois-je? quels objets! les deux princes ensemble!
Ah! que d'infortunés le sort ici rassemble!

PYRRHUS.

(*à Illyrus.*)

Que cherchez-vous, mon fils, en ces funestes lieux,
Où tout doit désormais vous paroître odieux,
Où vous devez me fuir et m'abhorrer moi-même?

ILLYRUS.

Vous n'en êtes pas moins, seigneur, tout ce que j'aime.
A mon frere, il est vrai, je me plaignois de vous,
Et j'en eusse attendu des sentiments plus doux.
Je suis touché de voir, en ce moment terrible,
Que mon rival soit seul à ma perte sensible.
Hélas! qui fut jamais plus à plaindre que moi?
Méprisé d'Éricie, et peu cher à mon roi,
C'est un prince sorti d'une race étrangere
Qui l'emporte sur moi dans le cœur de mon pere.
Je ne condamne point sa générosité;
Mais l'effort en devroit être plus limité:
La gloire n'admet point de si grands sacrifices,
Et ce n'est point à moi d'illustrer ses caprices,
Victime des transports d'un chimérique honneur,
Sans avoir d'autre crime ici que mon malheur.
Ce reproche cruel dont votre cœur s'offense
Ne regarde, seigneur, que votre indifférence;
Je ne puis voir mon pere abandonner son fils,
Sans soupçonner pour moi d'injurieux mépris.
Voilà les seuls regrets dont mon ame est saisie,
Et j'en suis plus touché que de perdre la vie:

Mais je n'en ai pas moins souhaité vous revoir.
GLAUCIAS.
Illyrus, mon seul bien et mon unique espoir,
Ah! si c'est ton amour qui vers moi te rappelle,
Ne m'en refuse point une preuve nouvelle.
Viens, mon fils, dans les bras d'un père infortuné,
Dont le cœur ne t'a point encore abandonné;
Viens te baigner de pleurs qui couleront sans cesse,
Et ne m'accuse point de manquer de tendresse.
Mon fils, je t'aime encor tout ce qu'on peut aimer,
Et je te connois trop pour ne pas t'estimer.
Tes reproches honteux, dont ma gloire murmure,
Outragent plus que moi le sang et la nature.
Mon cœur de ses retours n'est que trop combattu,
Et je n'ai plus d'espoir qu'en ta propre vertu.
Loin de déshonorer mon auguste vieillesse,
Aide-moi de mon sang à domter la foiblesse.
Le malheureux Pyrrhus est maître de ma foi;
Je ne suis pas le sien, et ta vie est à moi.
Fais voir, par les efforts d'une vertu suprême,
La victime au-dessus du sacrifice même.
Adieu: sois généreux autant que je le suis.
Te pleurer et mourir est tout ce que je puis.
ILLYRUS.
Oui, je vous ferai voir, par un effort insigne,
De quel amour, seigneur, Illyrus étoit digne;

Que ce fils malheureux, sans le faire éclater,
Des plus rares vertus auroit pu se flatter;
Qu'il sait du moins mourir et garder le silence,
Quand son propre intérêt peut-être l'en dispense.
Je pourrois d'un seul mot éviter mon malheur;
Mais ce mot échappé vous perceroit le cœur.
C'est dans le fond du mien qu'enfermant ce mystere
Je vais sauver Pyrrhus, votre gloire, et me taire.
Adieu, cher Hélénus; vous apprendrez un jour
Si j'avois mérité de vous quelque retour.

SCENE VI.

GLAUCIAS, HÉLÉNUS.

HÉLÉNUS.

Seigneur, de ce discours que faut-il que je pense?
Sur quoi le prince ici vante-t-il son silence?

GLAUCIAS.

Ah, mon fils! ce secret ne regarde que moi:
Mais il a d'un seul mot glacé mon cœur d'effroi.
Hélas! que de son sort mon ame est attendrie!
Pyrrhus, que de vertus ma foi te sacrifie!

HÉLÉNUS.

Le prince va, dit-il, se perdre pour Pyrrhus,
Et c'est lui cependant, sous le nom d'Illyrus,

ACTE III, SCENE VI.

Si j'en crois les soupçons du tyran de l'Épire.
Seigneur, de ce secret vous pouvez seul m'instruire.
Mon respect m'a forcé de cacher jusqu'ici
Les desirs que j'avois de m'en voir éclairci ;
Mais s'il a triomphé de mon impatience,
Je rougis à la fin de votre défiance.
Si jamais votre cœur fut sensible pour moi,
Si mon amour pour vous a signalé ma foi,
Si j'ai pu m'illustrer en marchant sur vos traces,
Et par quelques exploits su mériter des graces,
Du sang que j'ai perdu je n'exige qu'un prix.
Est-il vrai qu'Illyrus ne soit point votre fils?

GLAUCIAS.

Je ne suis point surpris qu'un lâche cœur soupçonne
Qu'Illyrus soit Pyrrhus, dès que je l'abandonne :
Mais vous, jusqu'à ce jour élevé dans mon sein,
Vous, à qui des vertus j'aplanis le chemin,
Que j'instruisis d'exemple, auriez-vous osé croire
Que d'une lâcheté j'eusse souillé ma gloire?
Non, mon cher Hélénus, ce fils abandonné
N'en est pas moins celui que les dieux m'ont donné ;
Et plût au sort cruel qu'il eût un autre pere !

HÉLÉNUS.

Vous n'éclaircissez pas, seigneur, tout le mystere.

GLAUCIAS.

Prince, c'est trop vouloir pénétrer un secret ;

PYRRHUS.

Offrez à ma douleur un zele plus discret,
Et n'en exigez pas plus que je n'en veux dire.

HÉLÉNUS.

C'en est assez pour moi, seigneur; je me retire,
Satisfait qu'Illyrus soit toujours votre fils;
Et je vais de ce pas trouver ses ennemis.

GLAUCIAS.

Ah, cruel! arrêtez! qu'allez-vous entreprendre?

HÉLÉNUS.

Ce que de ma vertu mon frere doit attendre.
Je cours le dérober à son sort inhumain,
Ou mourir avec lui les armes à la main;
Et je n'écoute plus, dans l'ardeur qui me guide,
Que la soif de verser le sang d'un parricide.

GLAUCIAS.

Barbare, immole donc le mien à ta fureur;
Cours exposer ma vie et me perdre d'honneur.

HÉLÉNUS.

Ah! vous ne craignez pas, seigneur, pour votre vie.
Ce n'est pas là l'effroi dont votre ame est saisie;
Elle est trop au-dessus d'une lâche frayeur :
Pyrrhus, le seul Pyrrhus occupe votre cœur.
Indifférent pour nous, pour lui plein de tendresse,
Voilà pour m'arrêter le motif qui vous presse,
Et l'unique frayeur qui vous trouble aujourd'hui.
N'avons-nous pas assez versé de sang pour lui?

ACTE III, SCENE VI.

S'il est reconnoissant, que veut-il davantage?
Je sais qu'à le sauver votre foi vous engage,
Que vous lui devez même une sainte amitié;
Mais que lui dois-je, moi, qu'une simple pitié
Qui doit céder aux soins de conserver mon frere?
Hé bien! qu'à vos deux fils votre honneur le préfere,
Consacrez à jamais ces transports vertueux,
Et me laissez le soin de nous sauver tous deux.
Que Pyrrhus avec nous vienne aussi se défendre,
S'il est digne du sang que vous laissez répandre:
Eh! de quelle vertu l'ont enrichi les dieux,
Pour vous rendre, seigneur, le sien si précieux?
Je ne sais, mais je crains que le grand nom d'Achille
Ne soit pour lui d'un poids plus onéreux qu'utile;
Que sans honneur ses jours ne se soient écoulés.

GLAUCIAS.

Ah! si vous connoissiez celui dont vous parlez,
Vous changeriez bientôt de soins et de langage,
Et je verrois mollir ce superbe courage.

HÉLÉNUS.

Seigneur, à ce discours, c'est trop me le cacher.
Je dois de votre sein désormais l'arracher.

GLAUCIAS.

Quoi! ce même Hélénus que l'univers admire,
Et dont les dieux sembloient lui désigner l'empire,
L'ennemi des tyrans, l'ami des malheureux,

Flétrit en un seul jour tant de jours si fameux,
Et me demande à moi le sang d'un misérable!

HÉLÉNUS.

Ah, dieux! de ces horreurs me croyez-vous capable?
Non; vous ne m'imputez ces lâches mouvements
Que pour vous délivrer de mes empressements.
C'est le droit d'un refus acquis par une offense,
Et dont à vos remords je laisse la vengeance.
Ce jour, qu'on croit des miens avoir flétri le cours,
Est peut-être, seigneur, le plus beau de mes jours.
A ce même Pyrrhus j'ai fait un sacrifice
Qui sera pour mon cœur un éternel supplice,
Et dont mon amour seul connoissoit tout le prix.
Mais en vain aux refus vous joignez le mépris.
Si vous voulez calmer la fureur qui m'agite,
Cessez de retenir un secret qui m'irrite,
Ou de sang et d'horreurs je vais remplir ces lieux.

GLAUCIAS.

Ah, mon fils! étouffez ces desirs curieux,
Et Pyrrhus puisse-t-il pour jamais disparoître!

HÉLÉNUS.

Je commence, seigneur, à ne me plus connoître.
(Il embrasse avec violence les genoux de Glaucias.)
Pour la derniere fois j'embrasse vos genoux.

ACTE III, SCENE VI.

GLAUCIAS.

Ah! quel emportement! c'en est trop, levez-vous;
Reconnoissez Pyrrhus à ma douleur extrême.

HÉLÉNUS.

Achevez...

GLAUCIAS.

Je me meurs... Malheureux! c'est vous-même.

PYRRHUS.

Seigneur, c'en est assez, et je suis satisfait.

(*il veut se retirer.*)

GLAUCIAS, *l'arrêtant.*

Arrêtez, prince ingrat! quel est donc le projet
Qu'en ce triste moment votre fureur médite?
Non, ce n'est pas ainsi, seigneur, que l'on me quitte.
Je n'en conçois que trop, à vos yeux enflammés...
Mais je verrai bientôt, cruel, si vous m'aimez.

FIN DU TROISIEME ACTE.

ACTE QUATRIEME.

SCENE PREMIERE.

PYRRHUS, ANDROCLIDE, CYNÉAS.

ANDROCLIDE.

Enfin il m'est permis, seigneur, de vous connoître,
Et d'oser embrasser les génoux de mon maître.
Dieux! quel ravissement! quelle douceur pour moi
De trouver un héros dans le fils de mon roi!
Mais de ce bien si doux que vous troublez la joie
Par les transports secrets où je vous vois en proie!
Glaucias, à son tour accablé de douleur,
Semble plus que jamais ressentir son malheur.
Seigneur, daignez calmer cette douleur cruelle,
Songez qu'un seul instant peut la rendre mortelle;
Ne l'abandonnez point en ces tristes moments.

PYRRHUS.

Je puis avoir pour lui d'autres empressements.
Androclide, je sais que je vous dois la vie,

ACTE IV, SCENE I.

Que sans vous, en naissant, on me l'auroit ravie;
Allez, de ce bienfait je saurai m'acquitter.

ANDROCLIDE.

Le roi m'a commandé de ne vous point quitter.

PYRRHUS.

Glaucias est un roi que j'estime et que j'aime;
Mais je ne dépends plus ici que de moi-même.
Pour vous, que le destin a soumis à mes lois,
Respectez-les du moins une premiere fois,
Et cessez d'écouter une crainte frivole.
Glaucias me connoît, j'ai donné ma parole,
J'ai juré d'épargner un tyran odieux,
Et de ne point troubler l'asile de ces lieux.
Que pouvois-je de plus pour le roi d'Illyrie?
Allez, si vous m'aimez, prenez soin de sa vie.

ANDROCLIDE.

Seigneur...

PYRRHUS.

Obéissez. Profitons des instants
Que j'ai pu dérober à leurs soins vigilants.

SCENE II.

PYRRHUS, CYNÉAS.

PYRRHUS.

Cynéas, approchez; l'heure fatale presse.
Puis-je encore espérer de revoir la princesse?
Sait-elle qu'Hélénus doit se trouver ici?

CYNÉAS.

Oui, seigneur, et bientôt vous l'y verrez aussi.
J'ai laissé la princesse avec Néoptolême,
Qui m'a paru frappé d'une surprise extrême,
Lorsque je l'ai flatté de l'espoir d'une paix
Qu'il devoit regarder comme un de vos bienfaits.
Au seul nom de Pyrrhus j'ai vu sa défiance
Balancer ses desirs et son impatience.
« Je douterois, dit-il, qu'on voulût le livrer,
« Si d'autres qu'Hélénus osoient m'en assurer ;
« Mais dès que ce héros souscrit à ma demande... »

PYRRHUS.

Ami, c'en est assez; dites-lui qu'il m'attende.

SCENE III.

PYRRHUS.

Desirs impétueux que je ne puis domter,
Et qu'en vain mon devoir s'attache à surmonter,
Redoutables moments d'une trop chere vue,
Que vous allez coûter à mon ame éperdue!
Pyrrhus, à quels transports oses-tu te livrer?
Est-ce l'amour ici qui doit t'en inspirer?
Néoptolême vit, et le sang d'AEacide
S'enflamme pour le sang d'un lâche parricide!
Mais pour lui mon amour eût en vain combattu
Si de plus hauts desseins n'occupoient ma vertu.
Infortuné Pyrrhus, il est temps qu'elle éclate.
Non, de quelque valeur que l'univers te flatte,
Quels que soient tes exploits et tes honneurs passés,
Illyrus en un jour les a tous effacés;
Et telle est aujourd'hui ta triste destinée
Qu'il faut que par toi seul elle soit terminée.
C'est vainement qu'au ciel tu comptes des aïeux,
Si ta propre vertu ne t'y place avec eux.
Le sang d'Achille est beau; mais l'honneur d'en descendre
Ne vaut pas désormais celui de le répandre:
Un rival généreux qui s'immoloit pour toi

T'en a tracé l'exemple et prononcé la loi.
Ah! que tant de grandeur me touche et m'humilie!
Pere et fils vertueux, que je vous porte envie!
Comment vous surpasser? Dieux, voilà des mortels
Dignes de partager avec vous les autels,
Non des barbares nés pour l'effroi de la terre,
Ces idoles de sang, fiers rivaux du tonnerre,
Qui font de leur valeur un horrible métier,
Et dont je n'ai que trop suivi l'affreux sentier.
Cherchons au-dessus d'eux une gloire nouvelle
Plus digne des transports que j'eus toujours pour elle;
Heureux si mon devoir pouvoit les redoubler
A l'aspect d'un objet qui peut seul les troubler!

SCENE IV.

PYRRHUS, ÉRICIE.

ÉRICIE.

Je sors en ce moment d'avec le roi d'Épire :
En croirai-je, seigneur, ce qu'il vient de me dire?
Est-ce bien Hélénus qui nous donne une paix
Qu'on croit même devoir à mes foibles attraits?
Mais, loin de rappeler le souvenir funeste
D'un sacrifice affreux que ma vertu déteste,
Je ne veux m'occuper que du soin généreux

ACTE IV, SCENE IV.

De pleurer avec vous un prince malheureux.
Que n'ai-je point tenté près de Néoptolême?
J'ai regardé Pyrrhus comme un autre vous-même.
Non, l'horreur de son sort n'égalera jamais
Mes regrets de l'avoir défendu sans succès.
Je sais trop à quel point Pyrrhus vous intéresse
Pour ne point partager la douleur qui vous presse;
Jugez combien mon cœur s'est senti pénétrer
De vous voir désormais réduit à le livrer.
Et plût aux dieux, seigneur, pour comble d'injustice,
Qu'on ne m'imputât point ce cruel sacrifice,
Et qu'au bien de la paix l'amour trop indulgent
N'eût point pris sur lui-même un si triste présent!
Hélénus eût moins fait pour désarmer ma haine,
S'il savoit qu'un remords en triomphe sans peine.
Mais quoi! vous rougissez, et ne répondez rien!
Pourquoi me demander un secret entretien?

PYRRHUS.

Je rougis, il est vrai, d'un discours qui m'offense;
Et jamais mon courroux n'eut plus de violence.
Puis-je voir sans frémir qu'avec un si beau feu
Ce cœur où j'aspirois m'ait estimé si peu?
Puis-je voir sans rougir de honte et de colere
Qu'Éricie ait de moi pensé comme son pere,
Et qu'elle ose imputer aux transports d'Hélénus
Le funeste présent qu'il vous fait de Pyrrhus?

PYRRHUS.

Je ne sais si l'amour peut nous rendre excusables;
Mais il ne doit jamais nous rendre méprisables :
Le crime est toujours crime, et jamais la beauté
N'a pu servir de voile à sa difformité.
Peut-être que mon cœur, dans l'ardeur qui l'enflamme,
Tout vertueux qu'il est, n'est point exempt de blâme;
Mais ce qu'à mon devoir je vais sacrifier
Aux yeux de l'univers va me justifier,
Éterniser mon nom, expier ma tendresse,
Et venger ma vertu d'un soupçon qui la blesse.

ÉRICIE.

Seigneur, daignez calmer un si noble courroux :
Je sais ce que je dois attendre ici de vous.

PYRRHUS.

Dans un moment du moins vous pourrez le connoître;
Et loin de me haïr, vous me plaindrez peut-être.
Connoissez mieux, madame, un cœur où vous régnez,
Et ne l'outragez point, si vous le dédaignez.
Belle Éricie, enfin croyez que je vous aime;
Mais ne le croyez point comme Néoptolême.
Mon amour n'a jamais soumis à vos beaux yeux
Qu'un cœur digne de vous, et peut-être des dieux,
Qui ne sait point offrir pour sacrifice un crime
Qui déshonoreroit l'autel et la victime.
Je vais à son destin livrer un malheureux;
Mais ce ne sera point par un traité honteux;

ACTE IV, SCENE IV.

Ma vertu n'admet point de si lâche injustice,
Et mon cœur vous devoit un autre sacrifice :
Trop heureux si ce cœur, facile à s'enflammer,
Au gré de mon devoir l'avoit pu consommer !
Mais dans l'état cruel où mon malheur me laisse
On peut me pardonner un instant de foiblesse ;
Et vous m'avez offert des soins si généreux,
Qu'ils m'ont fait oublier qui nous étions tous deux.
Votre pere m'attend : adieu, belle Éricie.
J'ai voulu vous revoir ; mais mon ame attendrie
Ne pourroit soutenir vos pleurs près de couler,
Et qu'un fatal instant va bientôt redoubler.

ÉRICIE.

Ah, seigneur ! arrêtez ; et, si je vous suis chere,
Daignez de vos adieux m'expliquer le mystere.
Je sens un froid mortel qui me glace le cœur ;
Et la mort n'a jamais causé plus de frayeur.
Hélas ! au trouble affreux dont mon ame est saisie,
Puis-je encor souhaiter de me voir éclaircie ?
Vous allez, dites-vous, livrer un malheureux
Sans cesser d'être grand ni d'être généreux :
Ah ! je vous reconnois à cet effort suprême ;
Justes dieux ! c'est Pyrrhus qui se livre lui-même.

PYRRHUS.

Oui, madame, c'est lui ; c'est ainsi qu'Hélénus
Pouvoit du moins livrer l'infortuné Pyrrhus,

Qui sous ce triste nom ne craint plus de paroître
Dès qu'à de nobles traits on veut le reconnoître.

ÉRICIE.

Dites plutôt, seigneur, qu'à ce cœur sans pitié,
Dont je n'ai jamais pu fléchir l'inimitié,
J'aurois dû reconnoître une race ennemie
Qui ne s'immole ici que pour m'ôter la vie.
Inhumain, consommez vos généreux projets;
De votre haine enfin voilà les derniers traits.
Quel ennemi, grands dieux, offrez-vous à la mienne!
Quel dessein venez-vous d'inspirer à la sienne!
Ah! si c'est à ce prix que vous donnez la paix,
Barbare, faites-nous la guerre pour jamais.
Vous ne démentez point le sang qui vous fit naître;
Ingrat, vous ne pouviez mieux vous faire connoître
Que par un noir projet qui n'est fait que pour vous:
Je reconnois Pyrrhus à ces funestes coups;
Quand par des soins trompeurs il a séduit mon ame,
Des plus cruels refus je vois payer ma flamme;
Et quand je crois jouir d'un destin plus heureux,
Je retrouve Pyrrhus dans l'objet de mes vœux.
Qui vous a dévoilé, seigneur, votre naissance?
Glaucias n'a-t-il plus ni vertu ni prudence?
Devoit-il un moment douter de vos desseins,
Et méconnoître en vous le plus grand des humains?
Il faut pour mon malheur que le roi d'Illyrie

Vous ait moins estimé que ne fait Éricie.
Cruel, songez du moins, en courant à la mort,
Qu'un amour malheureux me garde un même sort.
Ne croyez point en moi trouver Néoptolême.
Vous ne voyez que trop à quel point je vous aime!

PYRRHUS.

Ah! voilà les transports que j'aurois dû prévoir,
Si l'amour m'eût laissé maître de mon devoir.
J'ai voulu consacrer à l'objet que j'adore
Quelques tristes moments qui me restoient encore :
Je bravois le trépas; mais je sens à vos pleurs
Qu'il a pour les amants son trouble et ses horreurs.
Ne m'offrez-vous les soins d'une ardeur mutuelle
Que pour me rendre encor ma perte plus cruelle?
Quel bien à notre amour peut s'offrir désormais?
Un parricide affreux nous sépare à jamais.
Songez, si je ne meurs, qu'il faut que je punisse;
Qu'un coupable avec moi n'est pas loin du supplice :
Songez enfin, madame, à ce que je me dois,
A ce que mon honneur m'impose envers un roi
A qui je dois un fils, son unique espérance,
Et le plus digne effort de ma reconnoissance.

ÉRICIE.

Glaucias vous doit-il être plus cher que moi,
Seigneur? ne pouvez-vous récompenser sa foi
Qu'aux dépens de vos jours et de ma propre vie,

PYRRHUS.

Que vous sacrifiez au prince d'Illyrie?
Ah! laissez-moi le soin de vous le conserver,
Et par pitié pour moi songez à vous sauver;
C'est Éricie en pleurs qui vous demande grace :
Verrez-vous sans pitié le sort qui la menace?
Est-ce par vous, cruel, qu'elle doit expirer?
Ah! du moins attendez qu'on ose vous livrer.

PYRRHUS.

Non, non, au sang d'Achille épargnez cet outrage :
Je dois d'un si beau sang faire un plus noble usage;
La mort pour mes pareils n'est qu'un léger instant,
Dont la crainte aux humains a fait seule un tourment.
Je vous perds pour jamais, adorable Éricie;
C'est là pour un amant perdre plus que la vie :
Mais ne présumez pas qu'en lâche criminel
Je souffre que Pyrrhus soit conduit à l'autel;
D'ailleurs pour Glaucias j'eus toujours trop d'estime
Pour lui laisser jamais la honte d'un tel crime.

ÉRICIE.

C'est-à-dire, seigneur, qu'il vous paroît plus doux
D'en rejeter ainsi l'indignité sur nous,
Et que vous aimez mieux déshonorer mon pere,
Pour m'en laisser à moi la douleur tout entiere,
Et me faire haïr qui m'a donné le jour.
Voilà ce que Pyrrhus gardoit à tant d'amour!
Hé bien! cruel, allez trouver Néoptolême :

Puisque vous le voulez, je vous rends à vous-même :
Mais dans tous vos transports de générosité
Je vois moins de vertu que de férocité.

PYRRHUS.

Ne me reprochez point une vertu farouche ;
L'honneur ainsi le veut, et l'honneur seul me touche :
S'il se pouvoit trouver d'accord avec mes jours,
Vous ne m'en verriez point précipiter le cours.
Comme mortel, je sens tout le prix de la vie ;
Comme amant, tout le prix d'être aimé d'Éricie :
Mais Pyrrhus, en héros épris de vos appas,
Se met, en immortel, au-dessus du trépas.

ÉRICIE.

Vous prétendez en vain qu'au gré de votre envie
Je vous laisse, seigneur, maître de votre vie :
Si vous ne rejetez vos projets inhumains,
Je cours à Glaucias découvrir vos desseins.

PYRRHUS.

Si vous m'aimez encor, gardez de l'entreprendre :
Belle Éricie, au nom de l'amour le plus tendre,
N'abusez point ici des secrets d'un amant
Qui pourroit de dessein changer en un moment ;
Considérez sur qui tomberoit ma colere :
Vous plaignez un amant, vous pleureriez un pere.
En faveur de Pyrrhus tâchez de le fléchir,
J'y consens ; mais daignez ne le point découvrir,

PYRRHUS.

Et ne lui faites point mériter votre haine.
Qu'espérez-vous enfin d'une pitié si vaine?
Songez que dans l'état où m'a réduit le sort,
Il ne me reste plus que l'honneur de ma mort:
Ne me l'enviez point, et respectez ma gloire;
Vivez pour en garder une tendre mémoire,
Et cessez de vouloir partager mes malheurs;
Laissez mourir Pyrrhus digne enfin de vos pleurs.
Adieu, madame: allez trouver Néoptolême;
J'irai dans un moment le rejoindre moi-même.
M'exposer plus long-temps à tout ce que je vois,
C'est moins braver la mort que mourir mille fois.

(*il sort.*)

SCENE V.

ÉRICIE.

Quoi, seigneur! vous iriez vous livrer à mon pere!
Ah! puisqu'en vos fureurs votre cœur persévere,
L'inflexible Pyrrhus, qui déchire le mien,
Va le voir surpasser la fermeté du sien.

SCENE VI.

GLAUCIAS, ÉRICIE.

ÉRICIE, *à part*.

Mais Glaucias paroît. Quel soin ici l'appelle?
Éclatez, vains transports de ma douleur mortelle,
Et laissez dans mes pleurs lire un triste secret.

GLAUCIAS.

Princesse, un ennemi, qui ne l'est qu'à regret,
Et qui touche peut-être à son heure derniere,
Osera-t-il ici vous faire une priere?
S'il fut long-temps l'objet de votre inimitié,
Il ne doit plus, hélas! l'être que de pitié :
Les dieux viennent sur moi d'épuiser leur colere.
Je n'ai rien oublié pour fléchir votre pere;
Mais le cruel qu'il est me redemande un bien
Que ma pitié protege, et qui n'est pas le mien :
Il veut Pyrrhus, il veut que je lui sacrifie
Le malheureux dépôt que le ciel me confie;
Il veut, à mon honneur portant le coup mortel,
Couvrir mes cheveux blancs d'un affront éternel,
Et plonger dans l'horreur le reste de ma vie.
Plaignez mon triste sort, généreuse Éricie;
Vous êtes désormais mon unique recours;

PYRRHUS.

A des infortunés prêtez votre secours.
Je sais, dans les faveurs dont le ciel vous partage,
Que la beauté n'est pas votre seul avantage,
Et que les dieux, sur vous épuisant leurs bienfaits,
Ont de mille vertus enrichi vos attraits.
Mon cœur, près de vous voir unie à ma famille,
Vous prodiguoit déja le tendre nom de fille;
Mais, puisque le destin me ravit la douceur
D'un bien qui m'eût comblé de joie et de bonheur,
Je veux traiter pour vous un plus noble hyménée,
De vous et de Pyrrhus unir la destinée.
Je sais que je ne puis former ces tristes nœuds
Sans outrager les lois, la nature et les dieux;
Mais la paix ne veut pas un moindre sacrifice.
Rendez à cet hymen votre pere propice :
S'il soupçonne ma foi, qu'il emmene Illyrus,
Et confie à mes soins Éricie et Pyrrhus;
Vous vous serez tous trois un mutuel otage.
Néoptolême aura l'Épire pour partage;
Et je l'en laisserai paisible possesseur,
Pourvu que votre époux en soit le successeur.

ÉRICIE.

Ah, seigneur! plût aux dieux et pour l'un et pour l'autre
Que tous les cœurs ici fussent tels que le vôtre,
Et sussent comme vous régler sur l'équité
La vengeance des rois et leur avidité!

ACTE IV, SCENE VI.

Qui ne seroit touché de l'état déplorable
Où vous réduit le soin du sort d'un misérable!
Les dieux, tout grands qu'ils sont, en ont-ils autant fait?
Qu'un pere tel que vous est digne de regret!
Jugez à ma douleur si le cœur d'Éricie
A pu garder pour vous une haine endurcie.
Seigneur, tant de vertu trouve peu d'ennemis.
Hélas! pour conserver Pyrrhus et votre fils,
Vous n'aviez pas besoin d'employer la priere.
Que n'ai-je point déja tenté près de mon pere?
Rien ne peut désarmer sa haine et sa rigueur.
Je ne vous dirai point quelle en est ma douleur;
Mais Pyrrhus aujourd'hui m'a coûté plus de larmes
Que le soin de ses jours ne vous causa d'alarmes.
Plût au ciel que celui de nous unir tous deux
Pût rendre à vos souhaits ce prince malheureux,
Et que de notre hymen les funestes auspices
Ne fussent point suivis de plus noirs sacrifices!
Adieu: puisse le ciel, attendri par mes pleurs,
Les faire avec succès parler dans tous les cœurs!
Vous ne connoissez pas le plus inexorable.
Mais si je n'obtiens point un aveu favorable,
Seigneur, au même instant fuyez avec Pyrrhus,
Et me laissez le soin du destin d'Illyrus:
Emparez-vous sur-tout d'un guerrier invincible,
Dont rien ne peut domter le courage inflexible.

PYRRHUS.

Que dis-je? où mon amour se va-t-il égarer!
GLAUCIAS.
O ciel! à quels malheurs faut-il me préparer?
Dans l'état où m'a mis la fortune cruelle,
En ai-je à redouter quelque atteinte nouvelle?
Ah, madame! daignez ne me le point cacher,
Si d'un infortuné le sort peut vous toucher.
Vous avez vu mon fils; je sais qu'il vous adore,
Et j'ai cru près de vous le retrouver encore.
Je venois m'emparer d'un ingrat qui me fuit,
Et que par-tout en vain ma tendresse poursuit.
Ma vie à ce cruel devoit être assez chere
Pour ne point l'arracher à son malheureux pere;
Mais je vois qu'Hélénus ne s'éloigne de moi
Que pour mieux me manquer de parole et de foi.
Il a par ses serments surpris ma vigilance,
Dissipé mes soupçons, et trompé la prudence
D'un pere en sa faveur toujours trop prévenu.
Apprenez-moi du moins ce qu'il est devenu.
Veut-il nous perdre tous, ou se perdre lui-même?
Grands dieux! faudra-t-il voir périr tout ce que j'aime?
Madame, ayez pitié de l'état où je suis.
ÉRICIE.
Ah! que demandez-vous? et qu'est-ce que je puis?
N'ajoutez rien vous-même au trouble qui m'agite.

Les moments nous sont chers; souffrez que je vous quitte.
Seigneur, il n'est pas temps d'interroger mes pleurs,
Lorsqu'il faut prévenir le plus grand des malheurs.

FIN DU QUATRIEME ACTE.

ACTE CINQUIEME.

SCENE PREMIERE.

ÉRICIE, ISMENE.

ÉRICIE.
Si je n'ai pu toucher un amant qui m'adore,
Que pourrai-je obtenir d'un pere qui l'abhorre?
Malheureuse! les dieux ont-ils doué tes pleurs
De ces charmes puissants qui fléchissent les cœurs?
Et tu crois attendrir un prince inexorable
Que la soif de régner va rendre impitoyable;
Qui, maître du plus fier de tous ses ennemis,
Pour ne le craindre plus se croira tout permis!
Funeste ambition, détestable manie,
Mere de l'injustice et de la tyrannie,
Qui de sang la premiere as rempli l'univers,
Et jeté les humains dans l'opprobre et les fers;
C'est toi dont les fureurs, toujours illégitimes,
Firent naître à la fois les sceptres et les crimes.

ACTE V, SCENE I.

Sans toi, rien n'eût borné ma gloire et mon bonheur.
Quel sort plus beau pouvoit jamais flatter un cœur?
Et mes yeux effrayés verront fumer la terre
D'un sang qui doit sa source au maître du tonnerre!
Grand dieu, ne souffre point qu'un pere furieux
S'immole sans pitié le plus pur sang des dieux;
Daigne, loin d'employer la foudre à sa vengeance,
Tonner au fond des cœurs, et prévenir l'offense.

ISMENE.

Madame, il faut cacher ce mortel désespoir.
Glaucias, disiez-vous, demandoit à vous voir?

ÉRICIE.

Je ne l'ai que trop vu, ce prince déplorable,
Des rois les plus vantés modele inimitable,
Qui n'a que l'honneur seul pour guide et pour objet,
Pere moins malheureux encor qu'ami parfait.
Que de son sort cruel mon ame est attendrie!
Qu'il redouble les maux de la triste Éricie!
Et ce roi généreux, si digne de pitié,
De ses malheurs encore ignore la moitié.
Hélas! que je le plains! que de vertus, Ismene!
Est-ce donc là, grands dieux, l'objet de votre haine?
Que mon pere n'a-t-il un cœur tel que le sien!
Qu'il auroit épargné de désespoir au mien!
Ismene, il ne vient point; et mon impatience
Commence à soupçonner une si longue absence.

Quel autre qu'Hélénus pourroit le retenir?
Sans doute le cruel m'a voulu prévenir;
Et, si j'en crois mes pleurs, sa triste destinée
Dans les flots de son sang est déja terminée.
Je ne sais quelle horreur me saisit malgré moi;
Je sens, à chaque instant, redoubler mon effroi.
Je demande mon pere, et mon ame éperdue
N'a peut-être jamais tant redouté sa vue.

SCENE II.

NÉOPTOLÈME, ÉRICIE, ISMENE.

ÉRICIE.

Enfin je l'aperçois: soutenez-moi, grands dieux!

NÉOPTOLÈME.

Hélénus, que j'attends, va paroître en ces lieux,
Ma fille; c'en est fait, ce guerrier redoutable,
Loin d'offrir à Pyrrhus une main secourable,
Lui-même doit bientôt le livrer à mes coups;
Et ce spectacle affreux n'a pas besoin de vous.
Sortez. Quoi! vous pleurez! qui fait couler vos larmes?
D'où peut naître à la fois tant de trouble et d'alarmes?
Parlez; c'est trop se taire, après ce que je vois:
Avez-vous des secrets qui ne soient pas pour moi?

ACTE V, SCENE II.

ÉRICIE, *se jetant aux genoux de Néoptoléme.*

Non, seigneur : mais ce n'est qu'aux genoux de mon pere
Que je puis éclaircir ce funeste mystere.

NÉOPTOLÊME, *la relevant.*

Ma fille, en cet état, que me demandez-vous?
Et qui peut vous forcer d'embrasser mes genoux?
Que craignez-vous enfin d'un pere qui vous aime?

ÉRICIE.

Ah, seigneur! pardonnez à ma douleur extrême.
Je sais que vous m'aimez, et ce n'est pas pour moi
Que je viens implorer les bontés de mon roi.
Ne vous offensez point si les pleurs d'Éricie
Osent d'un malheureux vous demander la vie.
L'infortuné Pyrrhus va vous être remis...

NÉOPTOLÊME.

Quoi! c'est du plus cruel de tous mes ennemis
Que vous osez, ma fille, embrasser la défense!
Et ne craignez-vous point vous-même ma vengeance?
D'où naissent pour Pyrrhus des sentiments si vains?
Est-ce à vous que je dois compte de mes desseins,
Vous que je dois sur eux ou consulter ou croire?

ÉRICIE.

Non; mais vous me devez compte de votre gloire :
Elle est à moi, seigneur, autant qu'elle est à vous;
Et ce qui la flétrit se partage entre nous.

PYRRHUS.

Si rien ne peut fléchir votre haine endurcie,
Songez de quels malheurs elle sera suivie.
Vous verrez contre vous armer tout l'univers,
Et Pyrrhus chaque jour renaître des enfers.
Quoi! pour faire oublier le meurtre d'AEacide,
Vous méditez encore un double parricide!
Faudra-t-il vous compter au rang des assassins,
Et vous voir devenir l'opprobre des humains,
Lorsque vous en pouviez devenir le modele,
Si votre ambition eût été moins cruelle?
Le ciel vous a comblé de ses dons précieux,
Et vos vertus pouvoient vous égaler aux dieux;
La noblesse du sang, la valeur, la prudence:
En faudra-t-il, seigneur, excepter la clémence?
Malgré mille revers, vous avez vu cent fois
L'univers vous placer parmi ses plus grands rois;
Et de tant de vertus le parfait assemblage
Deviendroit d'un tyran l'inutile partage!

NÉOPTOLÊME.

Ma fille, quels discours!

ÉRICIE.

Je m'égare, seigneur;
Mais daignez pardonner ces transports à mon cœur.
Mon respect a toujours égalé ma tendresse:
Loin de me reprocher un discours qui vous blesse,
A mes larmes, seigneur, laissez-vous attendrir,

ACTE V, SCENE II.

Ou du moins écoutez ce qu'on vient vous offrir.
Glaucias est tout prêt à vous céder l'Épire;
Pour vous en assurer le légitime empire,
Ce prince pour Pyrrhus vous demande ma main.

NÉOPTOLÊME.

Pour Pyrrhus! Glaucias croit m'éblouir en vain.
Je connois mieux que lui le sang des AEacides;
Rien ne peut arrêter leurs vengeances perfides.
Loin que cette union dût assurer mon sort,
Votre hymen ne seroit que l'arrêt de ma mort.
C'est mettre sous Pyrrhus ma couronne en tutele,
Et nourrir entre nous une guerre éternelle.
Ce n'est point ma fureur qui demande son sang :
Je regne, et je dois tout à ce superbe rang.
Si de Pyrrhus enfin je m'immole la vie,
C'est au bien de la paix que je le sacrifie.

ÉRICIE.

Si jamais vous osiez lui donner le trépas,
Quelle guerre, seigneur, n'allumeriez-vous pas?

NÉOPTOLÊME.

Hélénus est le seul dont je crains le courage,
Et son amour pour vous dissipera l'orage :
Mais son courroux bientôt retomberoit sur moi,
Si j'osois à Pyrrhus engager votre foi.
Vous voyez qu'Hélénus me le livre lui-même :
Jugez par ce présent à quel point il vous aime.

PYRRHUS.

ÉRICIE.

Ah! ne vous fiez point au présent qu'il vous fait
C'est peut-être, seigneur, quelque piege secret.
Ce palais vous met-il à couvert de surprise?
Je ne sais; mais sur vous je crains quelque entreprise.
Ne vous exposez point à revoir Hélénus;
Et, si vous m'en croyez, emmenez Illyrus.

NÉOPTOLÊME.

Qu'aurois-je à redouter d'une ame généreuse?
Votre crainte, ma fille, est trop ingénieuse.

ÉRICIE.

Votre haine, seigneur, l'est plus que mon effroi,
Et vous ferme les yeux sur tout ce que je voi.
L'ardeur de vous venger vous rend tout légitime,
Et la soif de régner vous déguise le crime:
Mais si mes pleurs en vain combattent vos fureurs,
Vous allez voir ma mort prévenir tant d'horreurs.

NÉOPTOLÊME.

Ah! c'en est trop, ma fille, et ce discours m'outrage;
Pyrrhus n'auroit osé m'en dire davantage.
Mais Hélénus paroît.

ÉRICIE.

Justes dieux!

NÉOPTOLÊME.

Laissez-nous.

ÉRICIE.

Ah, seigneur! par pitié, souffrez-moi près de vous;
Je ne vous quitte point.

NÉOPTOLÊME.

Quels transports!

ÉRICIE.

Ah, mon pere!
Si jamais votre fille a pu vous être chere,
Daignez à ma douleur accorder un moment.

NÉOPTOLÊME.

Fuyez, dérobez-vous à mon ressentiment;
Je me lasse à la fin d'une douleur si vaine.

ÉRICIE.

De ces funestes lieux ôte-moi, chere Ismene,
Si d'un infortuné je veux sauver les jours,
C'est à d'autres que lui qu'il faut avoir recours.

SCENE III.

PYRRHUS, NÉOPTOLÊME, GARDES.

NÉOPTOLÊME, *à part.*

Que de trouble s'éleve en mon ame éperdue!
(*à Pyrrhus.*)
Seigneur, enfin la paix, si long-temps attendue,

M'est redonnée ici par ce même héros
Dont la seule valeur nous causa tant de maux.
Heureux si cette paix, qui tous deux nous rapproche,
Pouvoit être entre nous exempte de reproche!
Mais on doit pardonner aux soins de ma grandeur
Ce que semble de vous exiger ma fureur.
Je sais ce qu'il en coûte à des cœurs magnanimes
Lorsqu'il faut immoler d'innocentes victimes.

PYRRHUS.

Ne te sied-il pas bien de t'en justifier,
Toi qui nous as contraints à les sacrifier?
Épargne à ton honneur un discours inutile,
Qui doit faire rougir un descendant d'Achille;
Et ne nous fais pas voir pour la seconde fois
Un sujet altéré du meurtre de ses rois.

NÉOPTOLÊME.

Ai-je bien entendu? quel sinistre langage!
A me l'oser tenir qu'est-ce donc qui t'engage?
Pourquoi par Cynéas me faire pressentir
Sur un espoir trompeur que tu viens démentir?
Est-ce en me préparant des injures nouvelles
Que l'on croit terminer de si grandes querelles?
Tu déclares la guerre en demandant la paix.

PYRRHUS.

Non, cruel, avec moi tu ne l'auras jamais,
Quoique je vienne ici remettre en ta puissance

ACTE V, SCENE III.

Celui dont tu devrois éprouver la vengeance,
Cet innocent objet de tes noires fureurs,
Ce Pyrrhus que ta haine accable de malheurs.

NÉOPTOLÊME.

Hé bien! puisque c'est toi qui dois me le remettre,
Ne differe donc point, ou cesse de promettre.

PYRRHUS.

Tu me connois, tu peux t'en reposer sur moi,
Et, de plus, relâcher Illyrus sur ma foi.

NÉOPTOLÊME.

Hélénus, tu vas voir combien je m'y confie.

(*à ses gardes.*)

Gardes, faites venir le prince d'Illyrie.

(*à Pyrrhus.*)

Je vais dans un moment te le remettre ici;
Mais commande à ton tour que Pyrrhus vienne aussi.

PYRRHUS.

Inhumain! ne crains point qu'on te le fasse attendre;
Crains plutôt un aspect qui pourra te surprendre:
Mais daigne auparavant m'instruire de son sort;
Sois sincere sur-tout : quel sera-t-il?

NÉOPTOLÊME.

La mort.

PYRRHUS.

S'il ne craignoit que toi, tyran, ta barbarie
Te coûteroit bientôt et le trône et la vie.

Voyons donc jusqu'où peut aller ta fermeté.
Mais, pour laisser ta haine agir en liberté,
Je vais te rassurer contre un fer redoutable,
Qui rendroit dans mes mains ta perte inévitable.
　　(*il jette son épée aux pieds de Néoptoléme.*)
Frappe, voici Pyrrhus.

SCENE IV.

PYRRHUS, NÉOPTOLÊME, ILLYRUS,
GARDES.

ILLYRUS, *entrant.*
　　　　　　Dieux! qu'est-ce que je vois?
PYRRHUS.
Je m'acquitte, Illyrus, de ce que je vous dois.
NÉOPTOLÊME.
Où suis-je? quel transport de mon ame s'empare!
Quel soudain mouvement tout-à-coup s'y déclare,
A l'aspect imprévu de cet audacieux!

SCENE V.

GLAUCIAS, PYRRHUS, NÉOPTOLÈME,
ILLYRUS, ÉRICIE, ANDROCLIDE,
CYNÉAS, ISMENE, GARDES.

GLAUCIAS, *entrant avec Éricie.*
Que vois-je? quel objet se présente à mes yeux?
Hélénús désarmé devant Néoptolême!
NÉOPTOLÊME.
Tu vois un ennemi qui se livre lui-même,
Et qui, loin d'essayer de fléchir ma rigueur,
Ose par sa fierté défier ma fureur,
Qui me brave, me hait, me méprise, et m'offense.
GLAUCIAS.
De quoi va s'occuper ton injuste vengeance?
Sont-ce les mouvements qu'il te doit inspirer?
Il se livre à tes coups: que veux-tu?
NÉOPTOLÊME.
L'admirer.
Ne juge point de moi par ce que j'ai pu faire:
Le malheur rend souvent le crime nécessaire;
Et le penchant des cœurs ne dépend non plus d'eux
Qu'il en dépend de naître heureux ou malheureux.
C'est dans le sang des rois que j'ai puisé la vie;

PYRRHUS.

Mais quand je serois né des monstres d'Hyrcanie,
J'aurois été touché d'un trait si généreux.
Pyrrhus, un même sang nous a formés tous deux;
Mais les mêmes vertus n'ont point fait mon partage.
Si j'ai troublé des jours que t'envioit ma rage,
Je te laisse aujourd'hui maître absolu des miens,
Et je prodiguerois tout mon sang pour les tiens.
Je t'ai ravi le sceptre, et je te l'abandonne.
Un ami tel que toi vaut mieux qu'une couronne;
Et je préférerois à l'éclat de mon rang
L'honneur d'être avoué pour prince de ton sang.

PYRRHUS.

Si j'osois me flatter, malgré la mort d'un pere,
Qu'un repentir si grand fût durable et sincere...

NÉOPTOLÊME.

C'est à vous que je dois ce retour vertueux,
Qui me rend à moi-même, à mon prince, à mes dieux.
Seigneur, je n'ose encor prétendre à votre estime:
Un bien si glorieux n'est pas le prix d'un crime.
Trop heureux que Pyrrhus ne m'en punisse pas,
Et veuille de ma main recevoir ses états!

PYRRHUS.

A ce noble retour je sens que ma justice,
Malgré la voix du sang, doit plus d'un sacrifice.
Puisqu'un remords suffit pour apaiser les dieux,
Les rois ne doivent pas en exiger plus qu'eux.

ACTE V, SCENE V.

Dès qu'il leur plaît ainsi, jouissez de la vie:
Moi, je vous rends le sceptre en faveur d'Éricie.
    NÉOPTOLÊME, *lui présente Éricie.*
Daignez donc accepter ce gage de ma foi,
Seigneur: c'est le seul bien qui soit encore à moi.
    (*à Illyrus.*)
Prince, sur cet hymen je n'ai rien à vous dire;
Votre cœur est trop grand pour ne point y souscrire.
    (*à Glaucias.*)
Et vous, digne mortel, dont les dieux firent choix
Pour être le vengeur et l'exemple des rois,
Généreux Glaucias, à qui je dois la gloire
De pouvoir effacer l'action la plus noire,
Recevez votre fils pour prix d'un si grand bien;
Et vous, mon cher Pyrrhus, daignez être le mien.

FIN DE PYRRHUS.

CATILINA,

TRAGÉDIE EN CINQ ACTES,

REPRÉSENTÉE, POUR LA PREMIERE FOIS,

LE 12 DÉCEMBRE 1748.

A MADAME LA MARQUISE

DE POMPADOUR.

Madame,

Oser faire paroître Catilina sous vos auspices, c'est acquitter un vœu général. Il y a long-temps que le public vous a dédié de lui-même un ouvrage qui ne doit le jour qu'à vos bontés: heureux si on l'eût jugé digne de sa protectrice! Eh! qui ne sait pas les soins que vous avez daigné vous donner pour retirer des ténebres un homme absolument oublié? soins généreux, qui ont plus touché que surpris! Que ne doit-on pas attendre d'une ame telle que la vôtre? Puisse l'hommage que je vous rends, Madame, consacrer à la postérité la protection que vous accordez aux talents, et ce monument de ma reconnoissance!

Je suis, avec le plus profond respect,

Madame,

Votre très humble et très obéissant serviteur,
Jolyot de Crébillon.

ACTEURS.

CATILINA.
CICÉRON, consul.
CATON.
PROBUS, grand-prêtre du temple de Tellus.
TULLIE, fille de Cicéron.
FULVIE.
LENTULUS.
CRASSUS.
CÉTHÉGUS.
LUCIUS.
SUNNON, ambassadeur des Gaules.
GONTRAN.
LICTEURS.

La scene est dans le temple de Tellus.

CATILINA.

Qu'heureusement pour vous la force m'abandonne!

CATILINA,
TRAGÉDIE.

ACTE PREMIER.

SCENE PREMIERE.

CATILINA, LENTULUS.

CATILINA.

Cesse de t'effrayer du sort qui me menace :
Plus j'y vois de périls, plus je me sens d'audace ;
Et l'approche du coup qui vous fait tous trembler,
Loin de la ralentir, sert à la redoubler.
Crois-moi, sois sans détour pour un ami qui t'aime.
Dans le fond de ton cœur je lis mieux que toi-même,
Lentulus ; et le mien ne peut voir sans pitié
Ce qu'un ambitieux coûte à ton amitié.
Ce tyran des Romains, l'amour de la patrie,
Te trompe, et se déguise en frayeur pour ma vie.
Est-ce à moi d'abuser du penchant malheureux

Qui te fait une loi de tout ce que je veux?
Issu des Scipions, tu crains qu'à ta mémoire
On ne refuse un jour place dans leur histoire;
Et le rang de préteur, qui te lie au sénat,
Trouble en un conjuré le cœur du magistrat.
Tu crains pour Rome enfin; voilà ce qui t'arrête,
Quand tu ne crois ici craindre que pour ma tête.
Va, de trop de remords je te vois combattu,
Pour te ravir l'honneur d'un retour de vertu.

LENTULUS.

Catilina, laissons un discours qui m'offense;
Tes soupçons sont toujours trop près de ta prudence.
A force de vouloir approfondir un cœur,
Un faux jour a souvent produit plus d'une erreur;
Et les plus éclairés ont peine à s'en défendre :
Mais un chef de parti ne doit point s'y méprendre.
D'entre les conjurés distingue tes amis,
Et qu'un discours sans fard leur soit du moins permis.
De toutes les grandeurs qui feront ton partage
Je ne t'ai demandé que ce seul avantage;
Laisse-m'en donc jouir: mon amitié pour toi
N'a que trop signalé sa constance et sa foi.
Dis-moi, si ta fierté jusque-là peut descendre,
De tant d'excès affreux ce que tu peux prétendre.
Pourquoi faire égorger Nonius cette nuit?
Et de ce meurtre enfin quel peut être le fruit?

ACTE I, SCENE I.

CATILINA.

Celui d'épouvanter le premier téméraire
Qui, de mes volontés secret dépositaire,
Osera comme lui balancer un moment,
Et s'exposer aux traits de mon ressentiment.
Lentulus dans le fond doit assez me connoître
Pour croire que je n'ai sacrifié qu'un traître;
Et que ces cruautés, qui lui font tant d'horreur,
Sont de ma politique, et non pas de mon cœur.
Ce qui semble forfait dans un homme ordinaire,
En un chef de parti prend un aspect contraire;
Vertueux ou méchant au gré de son projet
Il doit tout rapporter à cet unique objet:
Qu'il soit cru fourbe, ingrat, parjure, impitoyable,
Il sera toujours grand s'il est impénétrable,
S'il est prompt à plier, ainsi qu'à tout oser,
Et qu'aux yeux du public il sache en imposer.
Il doit se conformer aux mœurs de ses complices,
Porter jusqu'à l'excès les vertus et les vices,
Laisser de son renom le soin à ses succès.
Tel on déteste avant que l'on adore après.
Je ne vois sous mes lois qu'un parti redoutable,
A qui je dois me rendre encor plus formidable:
S'il ne se fût rempli que d'hommes vertueux,
Je n'aurois pas de peine à l'être encor plus qu'eux.
Hors Céthégus et toi, dignes de mon estime,

Le reste est un amas élevé dans le crime,
Qu'on ne peut contenir sans les faire trembler,
Et qui n'aiment qu'autant qu'on sait leur ressembler.
Un chef autorisé d'une juste puissance
Soumet tout d'un coup d'œil à son obéissance;
Mais, dès qu'il est armé pour troubler un état,
Il trouve un compagnon dans le moindre soldat;
Et l'art de le soumettre exige un art suprême,
Plus difficile encor que la victoire même.

LENTULUS.

Songe à les subjuguer sans te rendre odieux.
Mais avant que le jour nous surprenne en ces lieux,
Au temple de Tellus dis-moi ce qui t'appelle:
Son grand-prêtre Probus te sera-t-il fidele?
Quoique rien en ce lieu ne borne son pouvoir,
Je ne sais si Probus remplira notre espoir.
Il est vrai qu'à ses soins nous devons cet asile,
Dont il nous rend l'accès aussi sûr que facile;
Mais au nouveau consul le grand-prêtre est lié
Par l'intérêt, le sang, l'orgueil, ou l'amitié.
Lorsqu'à des conjurés ses pareils s'associent,
C'est par des trahisons que tous se justifient.
Aujourd'hui le sénat doit s'assembler ici;
Ce n'est pas cependant mon plus cruel souci :
Je crains, je l'avoûrai, les fureurs de Fulvie,
Et je crains encor plus ton amour pour Tullie,

Fille d'un ennemi dangereux et jaloux,
De Cicéron enfin, l'objet de ton courroux.
Eh! comment, dans un cœur qu'un si grand soin entraîne,
Peux-tu concilier tant d'amour et de haine?
L'amour pour tes pareils auroit-il des appas?

CATILINA.

Ah! si je le ressens, je n'y succombe pas.
Qu'un grand cœur soit épris d'une amoureuse flamme,
C'est l'ouvrage des sens, non le foible de l'ame;
Mais dès que par la gloire il peut être excité,
Cette ardeur n'a sur lui qu'un pouvoir limité:
C'est ainsi que le mien est épris de Tullie;
Ses graces, sa beauté, sa fiere modestie,
Tout m'en plaît, Lentulus; mais cette passion
Est moins amour en moi qu'excès d'ambition.
Malgré tous les objets dont son orgueil se pare,
Tullie est ce que Rome eut jamais de plus rare;
Je vois à son aspect tout un peuple enchanté,
Et c'est de tant d'attraits le seul qui m'ait tenté.
Sans la foule des cœurs qui s'empressent pour elle,
Tullie à mes regards n'eût point paru si belle;
Mais je n'ai pu souffrir que quelque audacieux
Vînt m'enlever un bien qu'on croit si précieux.
Enfin je l'ai conquis; et sans cette victoire
Je croirois aujourd'hui que tout manque à ma gloire.
Ce n'est pas que l'amour en soit le seul objet;

Loin que de mes desseins il suspende l'effet,
Cette flamme, où tu crois que tout mon cœur s'applique,
Est un fruit de ma haine et de ma politique :
Si je rends Cicéron favorable à mes feux,
Rien ne peut désormais s'opposer à mes vœux ;
Je tiendrai sous mes lois et la fille et le pere,
Et j'y verrai bientôt la république entiere.
Je sais que ce consul me hait au fond du cœur,
Sans oser d'un refus insulter ma faveur ;
Il craint en moi le peuple, et garde le silence :
Mais, tandis qu'entre nous Rome tient la balance,
J'ai cru devoir toujours poursuivre avec éclat
Un hymen qui le perd dans l'esprit du sénat.
Au temple de Tellus voilà ce qui m'appelle.
Probus, qu'à Cicéron je veux rendre infidele,
M'y sert à ménager des traités captieux,
Où sans rien terminer je les trompe tous deux.
Mais, loin de confier nos desseins au grand-prêtre,
De ses propres secrets je suis déja le maître.
J'ai flatté son orgueil par le pontificat ;
J'ai parlé pour lui seul en public, au sénat,
Tandis que pour César, aidé de Servilie,
J'engageois Cicéron, trompé par Césonie.
Enfin Probus sait trop que s'il m'osoit trahir
Il ne me faut qu'un mot pour le faire périr ;
Même ici par ses soins je dois revoir Tullie.

Ne crains point cependant le courroux de Fulvie;
Son cœur fut trop à moi pour en redouter rien.
LENTULUS.
Elle a trop pénétré l'artifice du tien
Pour ne se point venger de tant de perfidie:
Elle est femme, jalouse, imprudente, hardie;
Elle sait tout: bientôt nous serons découverts;
Et je n'entrevois plus que de tristes revers.
Que faisons-nous dans Rome? et sur quelle espérance
Parmi tant d'ennemis avoir tant d'assurance?
Contre César et toi les clameurs de Caton
Ne cessent d'irriter Antoine et Cicéron:
Ces deux consuls, tous deux amis de la patrie,
Brûlant de cet amour que tu nommes manie,
Peut-être trop instruits de nos desseins secrets,
Préviendront d'un seul coup ta haine et tes projets.
Déja de toutes parts je vois grossir l'orage;
Crassus devient suspect: t'en faut-il davantage?
Et tu n'ignores pas que depuis plus d'un jour
Les lettres de Pompée annoncent son retour;
Que Pétréius, suivi de nombreuses cohortes,
Bientôt de Rome même occupera les portes.
César, dont le génie égale le grand cœur,
T'accuse d'imprudence et de trop de lenteur.
CATILINA.
Oui, je sais que César desire ma retraite,

Pour briguer au sénat l'honneur de ma défaite,
Pour voir nos légions marcher sous ses drapeaux,
Et pour profiter seul du fruit de mes travaux :
Mais, si le sort répond à l'espoir qui m'anime,
Je ferai de César ma premiere victime ;
Il est trop jeune encor pour me donner la loi,
Et je n'en veux ici recevoir que de moi.
Qu'ai-je à craindre dans Rome, où le peuple m'adore,
Où je veux immoler ce sénat que j'abhorre?
Le péril est égal ainsi que la fureur;
Et j'ai de plus sur eux ma gloire et ma valeur.
L'exemple de Sylla n'a que trop fait connoître
Combien il est aisé de leur donner un maître;
Et ce Pompée enfin, si fameux aujourd'hui,
Tremblera devant moi comme il fit devant lui.
Manlius, avec nous toujours d'intelligence,
Aussi prompt que toi-même à servir ma vengeance,
Avec sa légion doit joindre Célius,
Et Céson avec lui rejoindre Manlius.
Sunnon, des fiers Gaulois le ministre fidele,
Qui les voit menacés d'une guerre nouvelle,
Habile à profiter de celle des Romains,
Doit de tout son pouvoir appuyer nos desseins.
Cesse de m'opposer une crainte frivole;
Dès demain je serai maître du Capitole :
C'est du haut de ces lieux que, tenant Rome aux fers,

ACTE I, SCENE I.

Je veux avec les dieux partager l'univers.
Rome, je n'ai que trop fléchi sous ta puissance;
Mais je te punirai de mon obéissance.
Pardonne ce courroux à la noble fierté
D'un cœur né pour l'empire ou pour la liberté.

LENTULUS.

Ah! je te reconnois à ce noble langage:
Rome même est trop peu pour un si grand courage;
Remplis ton sort, fais voir à l'univers jaloux
Qu'il ne devoit avoir d'autres maîtres que nous.
Adieu, Catilina. Probus vient: je te laisse.

CATILINA.

Va; dis à Céthégus qu'il tienne sa promesse:
L'un et l'autre en secret daignez voir Manlius,
Et faites observer Fulvie et Curius.

SCENE II.

CATILINA, PROBUS.

PROBUS.

Hé quoi! seigneur, c'est vous que votre vigilance
A conduit le premier aux autels que j'encense!
Saviez-vous que Tullie y dût porter ses pas?

CATILINA.

Je le sais; cependant je ne l'y cherche pas:

Votre intérêt, Probus, est tout ce qui m'amene,
Et mon cœur à vous seul veut confier sa peine.
César, que Cicéron appuyoit au sénat,
César est désormais sûr du pontificat;
Il l'emporte sur vous, et son audace extrême
Veut soumettre à ses lois la religion même.
J'ai cru de Cicéron, qui vous est allié,
Que mon parti pour vous seroit fortifié,
Ou qu'il choisiroit mieux du moins votre adversaire;
Mais ses trésors ont fait ce que je n'ai pu faire :
C'est ainsi qu'aujourd'hui se gouvernent les lois.
Ce sénat, le modele et le tuteur des rois,
Qui fit à l'univers admirer sa justice,
Qui punissoit de mort un soupçon d'avarice,
Qui puisoit ses décrets dans le conseil des dieux
Vend ce qu'à la vertu réservoient nos aïeux.
Je vois avec douleur que cet affront vous blesse.

PROBUS.

Eh! ce n'est pas moi seul, seigneur, qu'il intéresse :
Il rejaillit sur vous encor plus que sur moi,
Vous qu'un vil orateur fait plier sous sa loi;
Vous qui jusqu'à ce jour, armé d'un front terrible,
Des cœurs audacieux fûtes le moins flexible;
Qui d'un sénat tremblant à votre fier aspect
Forciez d'un seul regard l'insolence au respect :
A sa voix aujourd'hui plus soumis qu'un esclave,

ACTE I, SCENE II.

Enfin, à votre tour, vous souffrez qu'on vous brave;
Et vous abandonnez le soin de l'univers
A des hommes sans nom, qui mettent Rome aux fers.
Eh! que m'importe à moi que le sénat m'outrage,
Que sa corruption mette à prix son suffrage?
L'univers ne perd rien à mon abaissement,
Mon nom ni mes vertus n'en font pas l'ornement;
Les dieux ne m'ont point fait pour le régir en maître.
Vous seul... Mais désormais méritez-vous de l'être
Avec une valeur qui n'oseroit agir,
Et ce front outragé qui ne sait que rougir?
Quoi! pour vous engager à sauver la patrie,
Faudra-t-il qu'avec moi tout un peuple s'écrie :
« La mort nous a ravi Marius et Sylla ;
« Qu'ils revivent en toi : regne, Catilina? »

CATILINA.

Probus, ne tentez point une indigne victoire.
Les crimes du sénat ne souillent point ma gloire;
Je frémis comme vous de tout ce que j'y vois,
De l'abus du pouvoir, et du mépris des lois;
J'admire en vous sur-tout cette ame bienfaisante
Que l'approche des dieux rend si compatissante :
Mais parmi tant d'objets cités pour m'émouvoir
Vous en oubliez un.

PROBUS.

Quel est-il?

CATILINA.
Mon devoir.
A combien de desirs il faut que l'on s'arrache
Si l'on veut conserver une vertu sans tache !
L'outrage n'est suivi d'aucun ressentiment
Dès que le bien public s'oppose au châtiment;
Ses intérêts sacrés sont notre loi suprême,
Et s'immoler pour eux c'est vivre pour soi-même.
Considérez ce temple orné de mes aïeux,
Que Rome a cru devoir placer parmi vos dieux :
Le sang qu'ils prodiguoient pour cette auguste mere
N'a laissé dans son sein qu'un fils qui la révere;
Et, tout muets qu'ils sont, ces marbres généreux
Ne m'en disent pas moins qu'il faut l'être autant qu'eux.
Rome ne me doit rien, et je lui dois la vie.
PROBUS.
Ainsi vous souffrirez qu'elle soit asservie;
Qu'un peuple qui vous a nommé son protecteur
Soit réduit à chercher un autre défenseur.
En vain, fondant sur vous sa plus chere espérance,
Rome vous élevoit à la toute-puissance :
J'entrevois dans le cœur d'un fier patricien
Les foiblesses de cœur d'un obscur plébéien;
Et c'est Catilina qui seul ici protege
Un reste de sénat impur et sacrilege,
Un tas d'hommes nouveaux proscrits par cent décrets,

ACTE I, SCENE II.

Que l'orgueilleux Sylla dédaigna pour sujets !
Disparu dans l'abîme où son orgueil le plonge,
Les grandeurs du sénat ont passé comme un songe.
Non, ce n'est plus ce corps digne de nos autels,
Où les dieux opinoient à côté des mortels ;
De ce corps avili Minerve s'est bannie
A l'aspect de leur luxe et de leur tyrannie :
On ne voit que l'or seul présider au sénat,
Et de profanes voix fixer le consulat.
Enfin Rome n'est plus, sans le secours d'un maître ;
Et qui d'eux plus que vous seroit digne de l'être ?
César semble promettre un heureux avenir,
Que peut-être moins jeune il osera ternir :
Lucullus n'est plus rien, et son rival Pompée
N'a pour lui qu'un bonheur où Rome s'est trompée.
Crassus, plein de desirs indignes d'un grand cœur,
Borne à de vils trésors les soins de sa grandeur :
Cicéron, ébloui du feu de son génie...
Mais je veux respecter le pere de Tullie.
Pour Caton, je n'y vois qu'un courage insensé,
Un faste de vertu qu'on a trop encensé.
Le reste n'est point fait pour prétendre à l'empire ;
C'est à vous seul, seigneur, que j'ose le prédire.
Quelle gloire pour vous, en domtant les Romains,
De pouvoir vous vanter au reste des humains
Que, sans avoir des dieux emprunté le tonnerre,

CATILINA.

Un seul homme a changé la face de la terre!
CATILINA.
Ministre des autels, que me proposez-vous?
PROBUS.
La gloire de bien faire, et le salut de tous;
Ce qu'un grand cœur, flatté de cet honneur suprême,
Auroit dû dès long-temps se proposer lui-même.
CATILINA.
Ah, Probus! je l'avoue, une si noble ardeur
Porte des traits de feu jusqu'au fond de mon cœur;
Je sens que malgré moi mes scrupules vous cedent.
PROBUS.
Hé bien! qu'à ce remords de prompts effets succedent:
D'armes et de soldats remplissons tous ces lieux
Où le sénat impie ose troubler mes dieux;
Dans un sang ennemi...

SCENE III.

TULLIE, CATILINA, PROBUS.

PROBUS.
Mais j'aperçois Tullie.
CATILINA.
Ne vous éloignez point, cher Probus, je vous prie:
J'ai besoin de conseil dans le trouble où je suis;

Et je vous rejoindrai bientôt, si je le puis.
(*Probus se retire dans le fond du théâtre.*)

SCENE IV.

CATILINA, TULLIE.

CATILINA.

Quoi, madame! aux autels vous devancez l'aurore!
Eh! quel soin si pressant vous y conduit encore?
Qu'il m'est doux cependant de revoir vos beaux yeux,
Et de pouvoir ici rassembler tous mes dieux!

TULLIE.

Si ce sont là les dieux à qui tu sacrifies,
Apprends qu'ils ont toujours abhorré les impies,
Et que si leur pouvoir égaloit leur courroux
La foudre deviendroit le moindre de leurs coups.

CATILINA.

Tullie, expliquez-moi ce que je viens d'entendre,
Ma gloire et mon amour craignent de s'y méprendre;
Et si nous n'étions seuls, malgré ce que je voi,
Je ne croirois jamais que l'on s'adresse à moi.

TULLIE.

Ah! ce n'est qu'à vous seuls, grands dieux! que je m'adresse,
Et non à des cruels qu'aucun remords ne presse;
Monstres, dont la fureur brave les immortels,

Et que le crime suit jusqu'au pied des autels;
Qui, tout baignés d'un sang qui demande vengeance,
Osent des dieux vengeurs insulter la présence.
Le sang de Nonius versé près de ces lieux
Fume encore; et voilà l'encens qu'on offre aux dieux!
La sacrilege main qui vient de le répandre
N'attend plus qu'un flambeau pour mettre Rome en cendre.
Ce n'est point Mithridate, ennemi des Romains,
Ni le Gaulois altier qui forme ces desseins;
Grands dieux! c'est une main plus fatale et plus chere,
Qui menace à la fois la patrie et mon pere:
Ces excès de fureur, inconnus à Sylla,
N'étoient faits que pour toi, traître Catilina!

CATILINA.

D'un reproche odieux réprimez la licence,
Madame, ou contraignez vos soupçons au silence;
Songez pour violer le respect qui m'est dû
Qu'il faut auparavant que je sois convaincu;
Qu'il faut l'être soi-même avant que d'oser croire
La moindre lâcheté qui peut flétrir ma gloire;
Que l'amour est déchu de son autorité
Dès qu'il veut de l'honneur blesser la dignité:
Souvenez-vous enfin qu'un généreux courage
Pardonne à qui le hait, mais point à qui l'outrage.

TULLIE.

Et qu'ai-je à redouter de ton inimitié?

Tu ne me verras point implorer ta pitié,
Cruel! tu peux porter à la triste Tullie
Tous les coups que ta main réserve à la patrie;
Borne tes cruautés à déchirer un cœur
Qui s'est déshonoré par une lâche ardeur;
Ce cœur, que trop long-temps a souillé ton image,
N'est plus digne aujourd'hui que d'opprobre et d'outrage;
Rien ne peut expier la honte de mes feux :
Mais ne présume pas que ce cœur malheureux,
Que tes fausses vertus t'ont rendu favorable,
T'épargne un seul moment dès qu'il te sait coupable;
Tu le verras plus prompt à s'armer contre toi
Qu'il ne le fut jamais à t'engager sa foi.
Grands dieux! n'ai-je brûlé d'une flamme si pure
Que pour un assassin, un rebelle, un parjure!
Et le barbare encore insulté à ma douleur!
Il veut que mon devoir respecte sa fureur!
Mais, cruel! mon amour n'en sera point complice;
Dût-on charger ma main du soin de ton supplice,
Je n'hésiterai point à te sacrifier.
Tu n'as plus qu'un moment à te justifier.

CATILINA.

Et de quoi voulez-vous que je me justifie?

TULLIE.

D'un complot qui bientôt te coûtera la vie.
Mais puisque ton orgueil s'obstine à le nier,

Et que tu me réduis, traître, à t'humilier,
Esclave, paroissez.

SCENE V.

CATILINA, TULLIE, FULVIE
déguisée en esclave.

CATILINA, *à part.*
          Que vois-je? c'est Fulvie!
TULLIE, *à Fulvie.*
Parlez: je vous l'ordonne au nom de la patrie.

FULVIE.

Qui? moi parler, madame! à quel péril affreux
Exposez-vous ici les jours d'un malheureux!
D'un Romain, quel qu'en soit le rang et la naissance,
Je sais combien je dois respecter la présence;
De celui-ci sur-tout je redoute l'aspect.

TULLIE.

Parlez, et dépouillez ce frivole respect:
Un esclave enhardi par le salut de Rome
Doit-il tant s'effrayer à l'aspect d'un seul homme?
Connoissez-vous celui qui paroît à vos yeux?
Répondez: quel est-il?

FULVIE.
          C'est un séditieux;

ACTE I, SCENE V.

Je ne connois que trop ce mortel redoutable,
Et le plus grand de tous, s'il étoit moins coupable.
Oui, madame, c'est lui; voilà le furieux
Qui veut souiller de sang sa patrie et ses dieux,
Égorger le sénat, immoler votre pere,
Et la flamme à la main désoler Rome entiere.

CATILINA, *feignant de ne pas reconnoître Fulvie.*

Quoi! vous osez commettre un homme tel que moi
Avec des malheureux si peu dignes de foi!
Et vous me réduisez à souffrir qu'un esclave,
Au mépris de mon rang, me flétrisse et me brave!
Ah! c'est pousser l'injure et l'audace trop loin.

TULLIE.

Ingrat, rougis du crime, et non pas du témoin:
Mais en vain ton orgueil s'attache à le confondre;
Vanter ta dignité, ce n'est pas me répondre.
Adieu.
    (*à Fulvie.*)
    Vous, suivez-moi.

CATILINA, *arrêtant Fulvie.*
                  Non, non, il n'est plus temps.
Cet esclave est chargé d'avis trop importants:
D'ailleurs, dès qu'avec lui vous osez me commettre,
Souffrez qu'en d'autres mains je puisse le remettre.
Probus, venez à nous.

SCENE VI.

CATILINA, TULLIE, FULVIE, PROBUS.

TULLIE.
Quel est donc ton dessein?
CATILINA.
C'est au nom du sénat et du peuple romain,
Qui de ces lieux sacrés vous fit dépositaire,
Probus, qu'entre vos mains je mets ce téméraire.
TULLIE.
En vain par ce dépôt tu crois m'en imposer,
Je vois à quel dessein tu veux en disposer.
CATILINA.
Non; loin que ma fierté désormais le récuse,
C'est devant le sénat que je veux qu'il m'accuse:
Puisqu'il doit en ces lieux s'assembler aujourd'hui,
C'est à Probus, madame, à répondre de lui.
TULLIE.
Songe, Catilina, qu'il y va de ta vie.
CATILINA.
Allez; songez, madame, à sauver la patrie:
C'est des jours d'un ingrat prendre trop de souci;
Et l'amour n'a plus rien à démêler ici.

SCENE VII.

CATILINA.

Qu'aurois-je à redouter d'une femme infidele?
Où seront ses garants? et d'ailleurs que sait-elle?
Quelques vagues projets dont l'imprudent Caton
Nourrit depuis long-temps la peur de Cicéron;
Projets abandonnés, mais dont ma politique
Par leur illusion trompe la république,
Sait de ce vain fantôme occuper le sénat,
L'effrayer d'un faux bruit, ou d'un assassinat,
Et ne lui laisser voir que des mains meurtrieres,
Tandis qu'un grand dessein échappe à ses lumieres.
Maître de mes secrets j'ai pénétré les siens;
Et Lentulus lui-même ignore tous les miens :
De cent mille Romains armés pour ma querelle
Aucun ne se connoît, tous combattront pour elle.
De l'un des deux consuls je me suis assuré;
Plus que moi contre l'autre Antoine est conjuré :
César ne doit qu'à moi sa dignité nouvelle,
Et je sais qu'à ce prix il me sera fidele.
Voilà comme un consul qui pense tout prévoir
Souvent pour mes desseins agit sans le savoir.
L'Africain peu soumis, le Gaulois indomtable,

ACTE I, SCENE VII.

Tout l'univers enfin, las d'un joug qui l'accable,
N'attend pour éclater que mes ordres secrets;
Et Cicéron n'est point instruit de mes projets.
Ce n'est pas dans tes murs, Rome, que je m'arrête;
Des cris du monde entier j'ai grossi la tempête :
Mon cœur n'étoit point fait pour un simple parti
Que le premier revers eût bientôt ralenti;
J'ai séduit tes vieillards, ainsi que ta jeunesse,
César, Sylla, Crassus, et toute ta noblesse.
Mais il faut retourner à Probus qui m'attend :
Ménageons avec lui ce précieux instant,
Pour rendre sans effet le courroux de Tullie,
Et pour mettre à profit les fureurs de Fulvie.
Soutiens, Catilina, tes glorieux desseins :
Maître de l'univers, si tu l'es des Romains,
C'est aujourd'hui qu'il faut que ton sort s'accomplisse,
Que Rome à tes genoux tombe, ou qu'elle périsse.

FIN DU PREMIER ACTE.

ACTE SECOND.

SCENE PREMIERE.

FULVIE, PROBUS.

FULVIE.

N'abusez point, Probus, de l'état où je suis;
Je vous perdrai : du moins songez que je le puis.
Vous croyez, à l'abri de votre caractere,
Pouvoir impunément défier ma colere,
Et que mon cœur, tremblant à l'aspect de ce lieu,
Va mettre au même rang le ministre et le dieu :
Et quel ministre encore! un sacrilege, un traître,
Qui, de Catilina devenu le grand-prêtre,
Des Tarquins sur son front veut ceindre le bandeau,
Et du sang des Romains nourrir ce dieu nouveau;
Lâche, qui se dévoue aux amours de Tullie,
Qui, de ses propres dieux profanateur impie,
Prête leur sanctuaire à des feux criminels,
Déshonore le prêtre, et souille les autels.

CATILINA.

PROBUS.

Cédez moins au torrent de votre jalousie ;
Et loin de m'offenser écoutez-moi, Fulvie :
Considérez l'abîme où va vous engager
Une folle habitude à ne rien ménager.
Vous croyez vous venger, vous vous perdez vous-même,
Et de plus un amant qui peut-être vous aime.
Le dépit n'a jamais satisfait ses transports
Qu'il n'ait livré notre ame à d'éternels remords :
L'amour le mieux vengé, quelle que soit l'offense,
Est souvent le premier à pleurer sa vengeance ;
On punit l'inconstant, mais on perd en un jour
L'objet de sa tendresse et l'espoir d'un retour.
Enfin que savez-vous si l'on aime Tullie ?
A travers les fureurs dont votre ame est saisie
Croyez-vous que l'amour éclaire assez vos yeux
Pour percer les replis d'un cœur ambitieux ?
Vous savez les projets que votre amant médite :
En pénétrez-vous bien le détail et la suite ?
Un homme tel que lui doit-il à découvert
Se montrer sans prudence au grand jour qui le perd ?
Peut-il porter trop loin l'artifice et la feinte ?
Non, il faut que son cœur ne soit qu'un labyrinthe,
Que l'amour même en vain y cherche des secrets
Que pour lui la raison et l'honneur n'ont point faits.

ACTE II, SCENE I.

L'usage qu'aujourd'hui vous avez osé faire
Des secrets dont l'amour vous fit dépositaire
Ne vous prouve que trop, malgré votre dépit,
Pour peu qu'il ait parlé, qu'il n'en a que trop dit.
L'impétueux Caton murmure, tonne, éclate,
Trouble tout pour servir un consul qui le flatte;
Devenu du sénat et l'idole et l'espoir,
Cicéron est armé du souverain pouvoir :
Le sénat, qui sur lui redoute une entreprise,
Pour mettre son héros à couvert de surprise,
De l'ordre équestre entier le fait accompagner;
Puisqu'on ne peut le perdre, il faut donc le gagner :
Pour le faire périr il faut la force ouverte;
Mais ce seroit sans fruit travailler à sa perte.
Un hymen prétendu peut calmer ses frayeurs;
Et cet hymen devient l'objet de vos fureurs!
Plus de raison alors; et la fiere Fulvie
Expose un nom célebre au mépris de Tullie,
Se couvre sans rougir d'un vil déguisement!
Pourquoi ce déshonneur? pour perdre son amant.
Ah, madame! ce cœur, dont j'ai plaint la tendresse,
De l'habit qui vous cache a-t-il pris la bassesse?
Dans quel sein déposer des secrets dangereux,
Si le cœur d'une amante est un écueil pour eux?
Vit-on jamais l'amour dans sa plus noire ivresse

Emprunter du dépit une langue traîtresse?
FULVIE.
Qui donc ai-je trahi, ministre ambitieux?
Et quelle foi doit-on à des séditieux?
La garder aux méchants, c'est partager leurs crimes.
Mais je vois que Probus connoît peu ces maximes;
Et je sais, quand la haine enflamme vos pareils,
Jusqu'où va la noirceur de leurs lâches conseils,
Sur-tout dès qu'il s'agit de venger leurs injures.
César est désigné souverain des augures;
Cicéron a brigué pour ce rival heureux,
Et le place en un rang dont on flattoit vos vœux;
Catilina d'ailleurs vous étoit favorable.
Le moyen qu'à vos yeux je ne sois point coupable,
Moi qui viens de sauver un consul odieux,
Qui s'est osé jouer d'un ministre des dieux;
Qui, de sa dignité dépositaire habile,
Plein de faste aux autels, et près des grands servile,
Sur l'espoir de leurs dons mesure sa ferveur,
Et n'adore en effet que la seule faveur!
Mon devoir m'ordonnoit de sauver la patrie:
Imitez-le, ou gardez vos conseils pour Tullie.
Croyez-moi, terminez d'imprudentes leçons
Qui ne font qu'irriter ma haine et mes soupçons:
Cessez de me flatter qu'on peut m'aimer encore;
J'ai trop vu la beauté que l'infidele adore:

Mes yeux avant ce jour ne la connoissoient pas;
Mais vous me payerez ses funestes appas :
C'est vous qui leur gagnez sur moi la préférence;
Moi que déshonoroit la seule concurrence.
Pourquoi de cet hymen m'a-t-on fait un secret?
Et pourquoi, s'il est feint, m'en cacher le projet?
Traître, ce n'est pas vous qui deviez me l'apprendre;
Mais on croit n'avoir rien à craindre d'un cœur tendre :
Sachez que d'un secret à demi confié,
Dès qu'on peut une fois percer l'autre moitié,
On est toujours en droit d'en trahir le mystere,
Et qu'on ne doit plus rien à qui nous l'ose faire.
PROBUS.
Hé bien! perdez, madame, un homme généreux
Qui veut briser les fers de tant de malheureux;
Vengez votre beauté d'un amant infidele,
Et votre orgueil blessé des projets qu'il vous cele;
D'un long embrasement devenez le flambeau,
Et nous ouvrez à tous les portes du tombeau.
Mais Catilina vient; évitez sa présence,
Ou du moins gardez-vous d'irriter sa vengeance.

SCENE II.

CATILINA, FULVIE, PROBUS.

CATILINA.

Probus, où sommes-nous? et qu'est-ce que je vois?
Quel opprobre pour Rome! et quel affront pour moi!
C'est aux yeux du sénat, aux miens qu'une Romaine,
Au mépris des devoirs où son sexe l'enchaîne,
Sous un déguisement fait pour de vils humains,
S'en va déshonorer le premier des Romains,
De ses folles erreurs le rendre la victime,
Sans daigner seulement s'éclaircir de son crime!
Et, lorsque tout conspire à me justifier,
Sa jalouse fureur veut me sacrifier!
Eh! quel étoit le but où ma valeur aspire?
Pour qui voulois-je ici conquérir un empire?
Est-ce pour Cicéron, l'objet de mon courroux,
Lui que je voudrois voir expirer sous mes coups?
Non: c'est pour une ingrate à qui je sacrifie
Ma gloire, mon devoir, et le soin de ma vie.

FULVIE.

Poursuis, Catilina: le reproche sied bien
A des cœurs innocents et purs comme le tien;
Mais dans l'art de tromper, ta science suprême,

ACTE II, SCENE II.

Tu m'en as trop appris pour me tromper moi-même.
Va, cesse d'éclater sur mon déguisement;
Tout, jusqu'à ton courroux, est faux en ce moment.
Égorge Cicéron aux yeux de sa famille,
Je ne t'en croirai pas moins épris de sa fille.
Ce n'est pas d'aujourd'hui que tu sais allier
La vertu, les forfaits, l'amant, le meurtrier;
Et Tullie à tes yeux fût-elle encor plus chere,
Rien ne garantiroit la tête de son pere.
Mais de quoi te plains-tu? quel est mon attentat?
Est-ce moi qui prétends t'accuser au sénat?
De l'espoir d'être à toi ma tendresse enivrée
A tes lâches complots ne m'a que trop livrée.
Songe que tu me dois et César et Crassus,
Les enfants de Sylla, Cépion, Lentulus.
Cruel! j'aurois voulu que tout ce qui respire
Eût été comme moi soumis à ton empire;
Mais tandis que pour toi je séduisois les cœurs,
Tu préparois au mien le comble des horreurs;
Et le tien, trop épris des charmes de Tullie,
A bientôt oublié ce qu'il doit à Fulvie.
Cependant qui de nous s'arme ici contre toi?
C'est elle qui te perd, ingrat; ce n'est pas moi.
Il est vrai qu'en son cœur j'ai voulu te détruire;
Mais c'est là seulement qu'attachée à te nuire,
Contente de pouvoir vous désunir tous deux,

Je n'ai rien oublié pour te rendre odieux.
Eh! pouvois-je prévoir que l'honneur chimérique
De sauver les débris d'un nom de république
Porteroit une amante à perdre son amant?
Mais pour t'en garantir je ne veux qu'un moment;
Abandonne à mon cœur le soin de ta défense:
Je ne sais s'il te doit ou tendresse ou vengeance;
Je ne veux sur ce point nul éclaircissement
Qui puisse triompher d'un plus doux mouvement:
Mais par un désaveu souffre que j'humilie
A l'aspect du sénat l'orgueilleuse Tullie;
Son cœur est désormais indigne de ta foi.

CATILINA.

Tullie en me perdant se rend digne de moi;
Et vous, qui prétendez me sauver par un crime,
Vous ne méritez plus mes vœux ni mon estime.
C'est au sénat qu'il faut m'accuser aujourd'hui;
Je ne redoute rien ni de vous ni de lui.
Si jamais vous osiez y démentir Tullie,
Un affront si sanglant vous coûteroit la vie:
Ainsi déclarez tout; c'est l'unique moyen
De regagner un cœur qui ne vous doit plus rien.
Vos fureurs n'ont que trop épuisé ma constance.

SCENE III.

CATILINA, FULVIE, PROBUS, les licteurs.

CATILINA.

Mais je vois les licteurs, et le consul s'avance;
Éloignez-vous d'ici.

FULVIE.

Tu me braves, ingrat.
Adieu: tu me verras ce jour même au sénat.

(*elle sort.*)

SCENE IV.

CATILINA, PROBUS, les licteurs.

CATILINA.

Probus, suivez ses pas; allez tous deux m'attendre,
Et cachez Manlius, qui doit ici se rendre.

SCENE V.

CICÉRON, CATILINA, LES LICTEURS.

CICÉRON *fait signe aux licteurs de s'éloigner.*
C'est vous, Catilina, que je cherche en ces lieux,
Non comme un sénateur jaloux et furieux,
Mais comme un ennemi qui sait régler sa haine
Sur ce qu'en peut permettre une vertu romaine.
Enfin, depuis le jour que le sort des Romains
Par le choix des tribuns fut remis en mes mains,
Vous ne m'avez point vu, soigneux de vous déplaire,
Braver l'inimitié d'un si noble adversaire.
Je remportai sur vous l'honneur du consulat
Sans acheter les voix du peuple et du sénat;
Et vous savez assez que cette préférence,
Qui flattoit vos desirs, passoit mon espérance;
Mais le sénat, toujours en butte à vos mépris,
Réunit en moi seul les vœux et les esprits :
Encor si quelquefois vous daigniez vous contraindre;
Que, fait pour être aimé, vous vous fissiez moins craindre;
Que, mettant à profit tant de dons précieux,
Vous affectassiez moins un orgueil odieux!
Mais, bravant le sénat et les consuls ensemble,
A vos moindres chagrins vous voulez que tout tremble.

ACTE II, SCENE V.

Regardez ces autels, voyez parmi nos dieux
Ces marbres consacrés aux noms de vos aïeux;
Leurs grands cœurs ont toujours haï la tyrannie,
Et Rome n'a jamais tremblé que pour leur vie.
Si, moins ambitieux, votre haute valeur
Ne nous eût inspiré que la même terreur,
Qui d'entre nous pouvoit refuser son suffrage
Aux vertus dont le ciel a fait votre partage?
Politique, orateur, capitaine, soldat;
Vos défauts des vertus ont même encor l'éclat:
Quel citoyen pour nous, et le plus grand peut-être,
S'il nous menaçoit moins de nous donner un maître!
On dit... mais je crois peu des bruits mal assurés
Qui vous osent nommer parmi des conjurés:
Tout défiant qu'il est, Caton ne l'ose croire.
Cependant le sénat, jaloux de votre gloire,
Pour étouffer des bruits qui dans un sénateur
Pourroient en vous blessant blesser son propre honneur,
Dès hier vous nomma gouverneur de l'Asie;
Pompée et Pétréius descendus vers Ostie,
L'un et l'autre chargés de vous y recevoir,
Remettront dans vos mains leur souverain pouvoir.
Partez donc; et songez que votre obéissance
Peut seule être le prix de notre confiance.

CATILINA.

Ainsi donc le sénat veut, sans me consulter,

Me charger d'un emploi que je puis rejeter :
Je ne sais s'il a cru me forcer à le prendre ;
Mais j'ignore comment vous osez me l'apprendre,
Et croire m'éblouir jusqu'à me déguiser
Tout l'affront d'un honneur que je dois mépriser.
On me hait, on me craint, on conspire dans Rome ;
Parmi des conjurés c'est moi seul que l'on nomme :
Cependant le sénat, peu certain de ma foi,
Daigne malgré ces bruits m'honorer d'un emploi ;
Le farouche Caton, devenu plus flexible,
D'aucun soupçon encor ne paroît susceptible ;
Et Cicéron ne vient armé que de bienfaits,
Lorsqu'il peut par la foudre arrêter mes projets.
Mais d'un consul jaloux la politique habile
Devroit mieux me cacher que c'est lui qui m'exile,
Et ne point abuser de la crédulité
D'un sénat trop jaloux de son autorité :
Car enfin tous ces bruits, enfants de sa foiblesse,
N'ont d'autres fondements qu'un soupçon qui vous blesse.

CICÉRON.

N'est-ce rien selon vous que d'être soupçonné ?
A votre ambition sans cesse abandonné,
Vous causez tant de trouble et tant d'inquiétude,
Que le moindre soupçon tient lieu de certitude :
Dès qu'on ose alarmer le pouvoir souverain,
On est toujours suspect d'un coupable dessein ;

ACTE II, SCENE V.

Peut-on trop sur ce point rassurer la patrie?
Acceptez-vous l'emploi que Rome vous confie?
C'est pour m'en éclaircir que je viens vous trouver.

CATILINA.

J'entends; c'est sur ce point que l'on veut m'éprouver :
Si j'accepte l'emploi, c'est à tort qu'on m'accuse;
Et je suis criminel dès que je le refuse.
Mais, malgré l'appareil d'un frivole discours,
Je perce en ce moment à travers vos détours :
L'intérêt des Romains n'est pas ce qui vous guide;
C'est le seul mouvement d'une haine perfide,
Que le fiel de Caton sut toujours enflammer,
Et que mes soins en vain ont tenté de calmer :
J'ai fait plus; j'ai brigué jusqu'à votre alliance;
Et lorsque Rome attend avec impatience
Un hymen qui pourroit rassurer les esprits,
Vous osez le premier signaler des mépris!
Et depuis quand, seigneur, l'intérêt de ma gloire
Vous fait-il craindre un bruit que Caton n'ose croire;
Quand ce même Caton, citoyen furieux,
Répand seul contre moi ces bruits injurieux,
Que vous autorisez avec trop d'imprudence,
Vous qui, de son orgueil nourrissant l'insolence,
Consacrez chaque jour ses transports insensés?
Je vous connois tous deux mieux que vous ne pensez :
Timide, soupçonneux, et prodigue de plaintes,

Cicéron lit toujours l'avenir dans ses craintes;
Et Caton, d'un génie ardent, mais limité,
Ne connoît de vertu que la férocité;
Prompt à se courroucer, enclin à contredire,
La haine est le seul dieu qui le meut et l'inspire.
Mais c'est perdre le temps en discours superflus,
Et je reviens aux soins qui vous touchent le plus.
Alarmé d'un pouvoir dont la grandeur vous blesse,
L'ardeur d'en triompher vous occupe sans cesse;
Et comme il vous falloit le secours d'un emploi
Pour éloigner de Rome un homme tel que moi,
Vous m'avez fait nommer gouverneur de l'Asie,
Bienfait que je tiendrois de votre jalousie;
Mais mon nom seul ici vous faisant tous trembler,
Vous vous flattez qu'ailleurs vous pourrez m'accabler:
Déja par Manlius l'Italie occupée
Va bientôt se remplir des troupes de Pompée;
Et ce fameux vainqueur de tant de nations
Vous offre son épée avec ses légions.
Que d'inutiles soins dans le temps que Tullie
Pourroit à votre gré disposer de ma vie!
Car de ces noirs complots qui causent tant d'effroi
Elle a dû déclarer que le chef c'étoit moi:
Je ne présume pas qu'à son devoir soumise,
Elle ait pu vous celer le chef de l'entreprise:
Pourquoi donc au sénat ne pas me déférer?

J'entrevois les raisons qui vous font différer;
C'est que mon rang demande une preuve plus grave
Que les rapports suspects d'un malheureux esclave :
Mais mon honneur m'engage à vous désabuser;
Avec ce seul témoin vous pouvez m'accuser;
Son nom garantit tout : cet esclave est Fulvie,
Qui, jalouse en secret des charmes de Tullie,
A cru devoir troubler quelques soins innocents
Qu'exigeoient d'un grand cœur des charmes si touchants.
Qui croiroit qu'un consul si prudent et si sage
Eût été le jouet d'une femme volage?
Vous rougissez, seigneur; mais c'est avec éclat
Que je veux aujourd'hui me venger au sénat;
Car c'est là qu'en consul vous devez me répondre,
Et c'est là qu'en héros je saurai vous confondre.
Adieu.

SCENE VI.

CICÉRON.

Dans quel désordre il laisse mes esprits!
Quelle honte pour moi si je m'étois mépris!
Catilina pourroit ne pas être coupable :
Mais qu'il est dangereux, et qu'il est redoutable!
Quel ennemi le sort nous a-t-il suscité!

Que de courage ensemble et de subtilité!
Son génie éclairé voit, pénetre, ou devine.
Rome n'est plus, les dieux ont juré sa ruine.
Essayons cependant de calmer la fureur
Du perfide ennemi qui fait tout mon malheur :
S'il paroît au sénat et qu'il s'y justifie,
Son triomphe bientôt me coûteroit la vie.
Malgré tous ses détours j'entrevois ce qu'il veut;
Mais nous serions perdus s'il osoit ce qu'il peut.
Employons sur son cœur le pouvoir de Tullie,
Puisqu'il faut que le mien jusque-là s'humilie.
Quel abîme pour toi, malheureux Cicéron!
Allons revoir ma fille, et consulter Caton;
C'est là que je pourrai dans le cœur d'un seul homme
Retrouver à la fois nos dieux, nos lois, et Rome.

FIN DU SECOND ACTE.

ACTE TROISIEME.

SCENE PREMIERE.

SUNNON, GONTRAN.

SUNNON.

Arrêtons, cher Gontran; c'est dans ces lieux sacrés,
Décorés avec faste, au fond peu révérés,
Qu'à la face des dieux nous allons voir éclore
Un projet qui m'alarme, et qui les déshonore;
C'est ici que bientôt Crassus, Catilina,
Antoine, Céthégus, les enfants de Sylla,
Mille autres dont les noms éclatent dans l'histoire,
Et qui de leurs aïeux flétrissent la mémoire,
Vont de leur sang impur sceller leur union,
Et livrer Rome entiere à la proscription :
Heureux si je pouvois en ce désordre extrême
D'un parti que je hais me dégager moi-même !
Entraîné dès long-temps, peut-être corrompu
Par un ambitieux qui séduit ma vertu,

Je me trouve forcé d'embrasser sa querelle,
D'être ennemi de Rome, ou ministre infidele.
####### GONTRAN.
Quoi! des Gaules ici Sunnon ambassadeur,
De ce rang si sacré voudroit flétrir l'honneur!
####### SUNNON.
Laissons l'honneur d'un rang qui n'est plus qu'un vain titre
Lorsqu'un autre intérêt devient mon seul arbitre :
Les Gaules ont daigné m'envoyer en ces lieux;
Mais où sont les Romains, leurs lois, même leurs dieux?
Et quel devoir encor veux-tu que je trahisse
Parmi des furieux sans frein et sans justice?
C'est aux évènements à disposer de moi :
D'ailleurs, dans ce chaos, à qui garder ma foi?
A de vils sénateurs noyés dans la mollesse,
A deux consuls jaloux et désunis sans cesse?
L'un des deux, sans honneur et sans fidélité,
Abuse chaque jour de son autorité;
L'autre a mille vertus, mais n'ose en faire usage :
Caton, loin de calmer, irritera l'orage;
Formidable au dehors, méprisable au dedans,
Le sénat n'est enfin qu'un amas de brigands,
Unis pour le butin, divisés au partage,
Dont toute la vertu périt avec Carthage.
A peine il fut formé qu'il détruisit ses rois;
Il détruit aujourd'hui l'autorité des lois :

Après avoir détruit et lois et diadême,
Nous le verrons bientôt se détruire lui-même.
Allumons le flambeau de la sédition;
Rien ne peut nous sauver que leur division.
Tu ne sais pas encor quel péril nous menace.
Un Romain (tu connois sa valeur, son audace),
Et quel Romain encor! César depuis un an
Brigue en secret l'honneur d'être notre tyran;
C'est à nous gouverner que ce héros aspire.
Si la Seine un moment coule sous son empire,
Nous sommes tous perdus; et Gaulois et Germains
Vont tomber sous le fer ou le joug des Romains :
Ce que la Grece, Rome, et l'univers ensemble
Eurent de plus parfait, dans César se rassemble;
Prudent, ambitieux, l'homme de tous les temps,
De toutes les vertus, et de tous les talents;
Intrépide, éclairé; d'autant plus redoutable
Que de tous les mortels il est le plus aimable.
Mais Catilina vient; cher Gontran, laisse-nous.

SCENE II.

CATILINA, SUNNON.

CATILINA.
Je vous cherche, Sunnon, et j'ai besoin de vous.

De nos desseins secrets la trame est découverte,
Et je ne m'en crois pas plus voisin de ma perte.
Le sénat éperdu, les chevaliers épars,
Appellent à grand bruit le peuple au Champ de Mars;
De toutes parts enfin on murmure, on s'assemble :
Mais, objet de leurs cris, ce n'est pas moi qui tremble.
L'instant fatal approche; et, loin d'en être ému,
Je me sens transporté d'un plaisir inconnu.
Je craignois les délais, ils sont toujours à craindre :
Le feu des factions est facile à s'éteindre;
Ainsi l'on ne peut trop hâter l'évènement.
Sunnon, puis-je compter sur notre engagement?

SUNNON.

La foi de mes pareils ne fut jamais frivole.
Je suis Gaulois, ainsi fidele à ma parole;
L'honneur est parmi nous le premier de nos dieux :
Mais vous savez quel joug on m'impose en ces lieux,
Et d'un ambassadeur quel est le ministere;
Que je suis retenu par une loi sévere,
Qui me défend d'armer de criminelles mains,
Et d'oser les tremper dans le sang des Romains.
D'ailleurs de vos projets j'ignore le mystere;
Je crains tout, sans savoir ce qu'il faut que j'espere.
Si vos desseins ne sont aussi justes que grands,
Et si ce n'est pour nous que changer de tyrans,
Si nos traités ne sont fondés sur la justice,

Vous prétendez en vain qu'aucun nœud nous unisse.
Notre unique vertu n'est pas notre valeur;
Nous aimons la justice autant que la candeur:
Quoiqu'enfant de la guerre, allaité sous les tentes,
Le Gaulois n'eut jamais que des mœurs innocentes.
Si vous nous surpassez par votre urbanité,
Nous l'emportons sur vous par notre intégrité;
C'est à tous nos desseins l'honneur qui seul préside,
Et de nos intérêts l'équité qui décide.
Nos dieux, nos souverains, l'autorité des lois,
La gloire, le devoir, notre épée, et nos droits;
Aussi prompts que vaillants, francs, et pleins de noblesse,
Obéissants par choix, et soumis sans bassesse.
Mais Rome cherche moins, dans ses vastes projets,
A faire des amis, qu'à faire des sujets.
Comme nous ne voulons que le simple héritage
Dont les temps et le sort firent notre partage,
Voyez si, du sénat réprimant la fureur,
Vous pouvez des Gaulois être le protecteur.
Peut-être en ce discours, ou trop fier, ou trop libre,
Ai-je peu ménagé la majesté du Tibre;
Mais, dès que de mes soins notre sort dépendra,
Je parlerois aux dieux comme à Catilina.

CATILINA.

Je ne condamne point un discours magnanime,
Qu'un intérêt sacré doit rendre légitime;

Mais je le blâmerois, Sunnon, si ma vertu
Ne vous inspiroit pas un respect qui m'est dû.
Je ne suis point surpris qu'un ministre soupçonne
De trop d'ambition un projet qui l'étonne,
Et que loin de vouloir soulager l'univers
Je prétende au contraire appesantir ses fers.
Revenez cependant d'une erreur qui m'offense,
Et qui peut vous séduire à force de prudence.
Je suis chef, il est vrai, d'un parti dangereux;
Mais vous ne devez pas me confondre avec eux:
Souvent, pour s'assurer de leur obéissance,
Il faut laisser régner le crime et la licence;
Le choix des conjurés est un choix hasardeux
Qui ne veut pas toujours des hommes généreux.
Le projet le plus grand, l'action la plus belle
A quelquefois besoin d'une main criminelle.
Si vous me regardez comme un ambitieux
Que la soif de régner a rendu furieux,
Et qui ne veut user du flambeau de la guerre
Que pour subjuguer Rome, et désoler la terre,
Vous vous trompez, Sunnon. Considérez l'état
Du sénat et des lois, du peuple et du soldat;
Trouvez enfin dans Rome un seul trait qui réponde
A son titre pompeux de maîtresse du monde;
Les pirates divers que Pompée a défaits
Cachoient dans leurs rochers cent fois moins de forfaits:

ACTE III, SCENE II.

Mais je suis las de voir triompher l'injustice;
Il est temps que mon bras s'arme pour leur supplice,
Que j'immole à nos lois ce sénat orgueilleux,
Pour rendre l'univers et les Romains heureux.
Voilà, mon cher Sunnon, le seul but où j'aspire,
Non au funeste honneur de conquérir l'empire;
Et comme j'ai toujours estimé les Gaulois,
Je mourrai, s'il le faut, pour défendre leurs droits.
Mais ne présumez pas que de votre courage
Dans ces murs malheureux je veuille faire usage;
Les conjurés et moi, quel que soit le danger,
Nous n'avons pas besoin d'un secours étranger;
Au contraire je veux que, fuyant de la ville,
Au camp de Manlius vous cherchiez un asile :
Mais, avant que la nuit vous éloigne de nous,
Je vais vous expliquer ce que j'attends de vous.
Tout semble me livrer une ville alarmée;
Mais loin de ses remparts Rome a plus d'une armée.
Que le sénat ici tombe sous mes efforts;
Ce n'est point accabler ce redoutable corps,
Qui renaît de lui-même, et qui se multiplie
Dans l'univers entier comme dans l'Italie;
Que je vaincrai souvent sans le rendre soumis,
Et qui me cherchera toujours des ennemis.
Je veux, si les destins me sont peu favorables,
Trouver dans les Gaulois des amis secourables,

CATILINA.

Quelque retraite enfin dans un jour malheureux :
De vous, de vos amis c'est tout ce que je veux.

SUNNON.

Ah! dès que votre bras s'arme pour la justice,
Il n'est point de Gaulois qui ne vous obéisse :
Je vous réponds de tous.

CATILINA.

Quels seront vos garants?

SUNNON, *lui présentant la main.*

Touchez dans cette main; ce sont là nos serments.
Adieu, Catilina. Quelqu'un vient : c'est Tullie.

SCENE III.

CATILINA.

Que sa triste vertu me pese et m'humilie!
Fuyons; n'exposons point tant de fois en un jour
Des cœurs nés pour la gloire aux attraits de l'amour.

SCENE IV.

TULLIE, CATILINA.

TULLIE.

Arrêtez un moment, j'ai deux mots à vous dire :

ACTE III, SCENE IV.

Cependant, à l'effroi que votre accueil m'inspire,
Je ne sais si je dois m'expliquer avec vous.
Victimes tous les deux d'une amante en courroux,
Si mes cruels soupçons vous ont fait une offense,
N'en accusez que vous, et votre fier silence;
Car vous pouviez d'un mot désabuser mon cœur.
Pourquoi, loin d'éclaircir une funeste erreur,
Me cacher, aux dépens de toute mon estime,
Un témoin dont le nom vous eût absous du crime,
Et que rendoit suspect son amour irrité?
Vous savez de mes mœurs quelle est l'austérité,
Qu'enchaînée aux devoirs d'une innocente vie,
Je n'ai jamais connu que le nom de Fulvie;
Que ne m'épargniez-vous la honte et le remords
D'avoir trop écouté ses coupables transports?
Falloit-il exposer une ame vertueuse
A servir les fureurs d'une ame impétueuse?

CATILINA.

Ah! je n'étois déja que trop humilié
De voir à vos mépris mon rang sacrifié,
Sans vous faire rougir d'une indigne rivale.

TULLIE.

Dût sa haine aujourd'hui m'être encor plus fatale,
Malgré votre courroux, je veux vous engager
A respecter ses feux, même à la ménager:
D'un pareil ennemi vous n'avez rien à craindre,

Et son sexe et son nom, tout m'oblige à la plaindre :
Ainsi, loin d'insulter à son déguisement,
Faisons-la de ces lieux sortir secrètement.
Vous n'avez contre vous de témoin que Fulvie,
Et l'on n'en croira point sa folle jalousie.
Loin de vous présenter l'un et l'autre au sénat,
Evitez pour moi-même un dangereux éclat.
Que vous reviendroit-il d'une foible victoire,
Qui, loin de l'embellir, flétriroit votre gloire?
Croyez-moi, méprisez une amante en fureur,
Qui d'ailleurs ne vouloit que vous perdre en mon cœur.

CATILINA.

Lorsqu'on ose attaquer mon honneur et ma vie,
Vous voulez qu'en tremblant je me cache ou je fuie;
Que, laissant le champ libre à l'insensé Caton,
Je souffre qu'en public il flétrisse mon nom;
Que j'éloigne Fulvie, afin que votre pere
Sur son absence même au sénat me défere?
Comment! lorsque vous-même, échauffant sa fureur,
Vous me livrez au peuple et me perdez d'honneur,
Que sur de faux rapports déja l'on délibere,
Que contre moi Caton éclate sans mystere,
Vous voulez que, témoin de leur emportement,
J'attende du sénat quelque ménagement;
Que le consul enfin, touché de mon absence,
Ou ne m'accuse point, ou prenne ma défense?

Ah! ne présumez pas que leur mauvaise foi
Puisse m'en imposer et triompher de moi.
Dès ce jour même il faut que je me justifie.

TULLIE.

Pourriez-vous de ma part craindre une perfidie?

CATILINA.

Non : mais on a trompé votre crédule amour,
Afin que vous puissiez me tromper à mon tour.
La plus légere peur corrompt les cœurs timides,
Et des plus vertueux fait souvent des perfides.

TULLIE.

Du moins en ma présence épargnez Cicéron.

CATILINA.

Ah! s'il écoutoit moins le dangereux Caton,
Et les fantômes vains d'une peur chimérique,
Vous et moi nous eussions sauvé la république.

TULLIE.

Il en est temps encor, cruel, écoutez-moi;
N'allez point au sénat, fiez-vous à ma foi.
Sur de vaines rumeurs votre fierté s'abuse;
Songez que c'est moi seule ici qui vous accuse;
Que je puis d'un seul mot rassurer les esprits,
Et dissiper l'erreur qui les avoit surpris.
Si de nos premiers feux vous perdez la mémoire,
Songez du moins, seigneur, qu'il y va de ma gloire.
Quoi! vous pouvez m'aimer, et me sacrifier

A l'orgueilleux honneur de vous justifier?
L'amour vous justifie et reprend son empire;
Quand mon cœur vous absout, mon cœur doit vous suffire.
Le sénat contre vous n'a rien fait publier :
Ah! laissez-moi l'honneur de vous concilier;
Laissez-moi réunir mon amant et mon pere.
Hélas! étoit-ce à moi d'en parler la premiere?
L'amour n'offre donc plus à vos tendres souhaits
Aucun bien qui vous puisse engager à la paix!
Vous êtes des Romains la plus noble espérance,
Daignez contre vous-même embrasser leur défense.
De quoi vous plaignez-vous, quand c'est vous seul, ingrat,
Qui voulez aujourd'hui convoquer le sénat?
Si vous vous obstinez encore à vous défendre,
Le consul à son tour voudra s'y faire entendre;
Et bientôt vos amis, ardents et furieux,
De carnage et d'horreur vont remplir tous ces lieux.
Voulez-vous mettre en feu la ville infortunée
Que votre amante habite, où votre amante est née?
Laissez-moi désarmer vos redoutables mains;
Accordez à mes pleurs la grace des Romains;
Et qu'il soit dit du moins de l'heureuse Tullie
Que le dieu de son cœur fut dieu de sa patrie.

CATILINA.

Ah, madame! cessez de vouloir m'abuser.
J'aimerois mieux vous voir, constante à m'accuser,

Armer contre ma vie un sénat qui m'abhorre.
Quoi! c'est moi qu'on veut perdre, et c'est moi qu'on implore.
Que dis-je? c'est à moi que Tullie a recours
Pour sauver les cruels qui poursuivent mes jours!
C'est pour eux, non pour moi qu'elle verse des larmes!
Et, loin de m'arracher à leurs perfides armes,
Je la vois avec eux conspirer à l'envi!
Rendez-moi donc l'honneur que vous m'avez ravi,
Si vous ne voulez pas que j'aille le défendre.
Mais en vain par vos pleurs on cherche à me surprendre.
Eh! sur quoi votre amour prétend-il m'émouvoir?
A-t-il dans votre cœur triomphé du devoir?
Quoi! sur le seul rapport d'un témoin méprisable,
Sans rien examiner, vous me croyez coupable!
Et, sans en exiger d'autre éclaircissement,
Votre austere vertu sacrifie un amant!
Cet exemple est si grand qu'il faut que je l'imite.
Plus vous m'attendrissez, plus mon honneur m'invite
A m'immoler moi-même à ce que je me dois.

TULLIE.

Hé bien! cruel! adieu, pour la derniere fois.

SCENE V.

CATILINA.

Que je me sens touché! que mon ame est émue!
Ah! que n'ai-je évité cette fatale vue!
Mais j'aperçois Probus.

SCENE VI.

CATILINA, PROBUS.

PROBUS.
     Je viens vous avertir
Que dès ce même instant, seigneur, il faut partir :
Tout s'arme contre vous, et le sénat s'assemble.

CATILINA.
Qu'aurois-je à redouter d'un ennemi qui tremble?
Je veux, à commencer par le plus fier de tous,
Les voir dans un moment tomber à mes genoux;
Et je vais les trouver.

PROBUS.
    Quoi! seul et sans défense?

CATILINA.
Aucun d'eux n'osera soutenir ma présence;

Ainsi ne craignez rien.

PROBUS.

Seigneur, y pensez-vous?
Songez que Romulus expira sous leurs coups.
Je ne condamne point une noble assurance;
Mais on n'en doit pas moins consulter la prudence.
Plus le sénat vous craint, plus il faut du sénat
Craindre contre vos jours un secret attentat.

CATILINA.

Non, Probus; et je brave un péril qui vous glace.
Le succès fut toujours un enfant de l'audace.
L'homme prudent voit trop, l'illusion le suit;
L'intrépide voit mieux, et le fantôme fuit;
L'instant le plus terrible éclaire son courage,
Et le plus téméraire est alors le plus sage.
L'imprudence n'est pas dans la témérité;
Elle est dans un projet faux et mal concerté;
Mais s'il est bien suivi, c'est un trait de prudence
Que d'aller quelquefois jusques à l'insolence;
Et je sais, pour domter les plus impérieux,
Qu'il faut souvent moins d'art que de mépris pour eux.
Adieu: dans un moment ils me verront paroître
En criminel qui vient leur annoncer un maître.

FIN DU TROISIÈME ACTE.

ACTE QUATRIEME.

SCENE PREMIERE.

CICÉRON, CRASSUS, CATON,
et le reste des sénateurs.

CICÉRON.

Arbitres souverains de Rome et de ses lois,
Qui parmi vos sujets comptez les plus grands rois,
Je ne viens point ici, jaloux de votre gloire,
Briguer avec éclat le prix d'une victoire;
Le sort, à mes pareils prodiguant ses faveurs,
Me réservoit le soin d'annoncer des malheurs :
De mon amour pour vous tel est le premier gage,
Et de mon consulat le funeste partage.
Tandis qu'enorgueillis par tant d'heureux travaux
Vous pouviez méditer des triomphes nouveaux,
De la terre et des mers vous promettre l'empire,
Un seul homme à vos yeux travaille à vous proscrire :
Pourrai-je sans frémir nommer Catilina,

L'héritier des fureurs du barbare Sylla;
Lui que la cruauté, l'orgueil, et l'insolence,
N'ont que trop parmi nous signalé dès l'enfance;
Lui qui, toujours coupable et toujours impuni,
Veut, ce que n'eût osé l'univers réuni,
Subjuguer les Romains? O vous, que Rome adore,
Et qui par vos vertus la soutenez encore,
Vous, l'appui du sénat et l'exemple à la fois,
Incorruptible ami de l'état et des lois,
Parlez, divin Caton.

CATON.

Et que pourrois-je dire
En des lieux où l'honneur ne tient plus son empire,
Où l'intérêt, l'orgueil, commandent tour-à-tour,
Où la vertu n'a plus qu'un timide séjour,
Où de tant de héros je vois flétrir la gloire?
Et comment l'univers pourra-t-il jamais croire
Que Rome eut un sénat et des législateurs,
Quand les Romains n'ont plus ni lois ni sénateurs?
Où retrouver enfin les traces de nos peres
Dans des cœurs corrompus par des mœurs étrangeres?
Moi-même, qui l'ai vu briller de tant d'éclat,
Puis-je me croire encore au milieu du sénat?
Ah! de vos premiers temps rappelez la mémoire :
Mais ce n'est plus pour vous qu'une frivole histoire
Vous imitez si mal vos illustres aïeux,

Que leurs noms sont pour vous des noms injurieux.
Mais de quoi se plaint-on? Catilina conspire;
Est-il si criminel d'aspirer à l'empire
Dès que vous renoncez vous-mêmes à régner?
Un trône quel qu'il soit n'est point à dédaigner.
Non, non, Catilina n'est pas le plus coupable:
Voyez de votre état la chûte épouvantable,
Ce que fut le sénat, ce qu'il est aujourd'hui,
Et le profond mépris qu'il inspire pour lui.
Scipion, qui des dieux fut le plus digne ouvrage,
Scipion, ce vainqueur du héros de Carthage,
Scipion, des mortels qui fut le plus chéri,
Par un vil délateur se vit presque flétri:
Alors la liberté ne savoit pas dans Rome
Du simple citoyen distinguer le grand homme;
Malgré tous ses exploits, le vainqueur d'Annibal
Se soumit en tremblant à votre tribunal.
Sylla vient, qui remplit Rome de funérailles,
Du sang des sénateurs inonde nos murailles:
Il fait plus; ce tyran, las de régner enfin,
Abdique insolemment le pouvoir souverain,
Comme un bon citoyen meurt heureux et tranquille,
En bravant le courroux d'un sénat imbécille,
Qui, charmé d'hériter de son autorité,
Éleva jusqu'au ciel sa générosité,
Et nomma sans rougir pere de la patrie

ACTE IV, SCENE I.

Celui qui l'égorgeoit chaque jour de sa vie.
Si vous eussiez puni le barbare Sylla,
Vous ne trembleriez point devant Catilina;
Par là vous étouffiez ce monstre en sa naissance,
Ce monstre qui n'est né que de votre indolence.

CRASSUS.

N'est-ce qu'en affectant de blâmer le sénat
Que Caton de son nom croit rehausser l'éclat?
Mais il devroit savoir que l'homme vraiment sage
Ne se pare jamais de vertus hors d'usage.
Qu'aurions-nous à rougir des temps de nos aïeux?
Si ces temps sont changés, il faut changer comme eux,
Et conformer nos mœurs à l'esprit de notre âge.
Eh! qu'a donc perdu Rome à n'être plus sauvage?
Rome est ce qu'elle fut: ses changements divers
Ont-ils de notre empire affranchi l'univers?
Non; car ce fier Sylla d'odieuse mémoire,
Même en l'asservissant, combla Rome de gloire.
Mais c'est trop s'occuper de reproches honteux,
Importunes leçons d'un censeur orgueilleux,
Qui se trompe toujours au zele qui l'enflamme.
Que Caton à son gré nous méprise et nous blâme;
N'aurions-nous désormais d'oracle que Caton,
Et les saintes frayeurs qui troublent Cicéron?
Où sont vos ennemis? quel péril vous menace?
Un simple citoyen vous alarme et vous glace!

A percer ses complots j'applique en vain mes soins,
Je vois plus de soupçons ici que de témoins.
On diroit, à vous voir assemblés en tumulte,
Que Rome des Gaulois craigne encore une insulte;
Et qu'un autre Annibal va marcher sur leurs pas.
Où sont des conjurés les chefs et les soldats?
Les fureurs de Caton et son impatience
Dans le sein du sénat semant la défiance,
On accuse à la fois Cépion, Lentulus,
Dolabella, César, et moi-même Crassus:
Voyez de vos conseils jusqu'où va l'imprudence;
On craint Catilina, cependant on l'offense:
Mais plus vous le craignez, plus il faut ménager
Un homme et des amis qui pourroient le venger.
Et quel est, dites-moi, le témoin qui l'accuse?
Une femme jalouse et que l'amour abuse,
Qui, sur les vains soupçons d'une infidélité,
Veut surprendre à son tour votre crédulité;
Qui, sans pudeur livrée à l'ardeur qui l'entraîne,
Invente des complots pour flatter votre haine.
Si je plains l'accusé, c'est parcequ'on le hait:
Voilà le seul témoin qui prouve son forfait;
Car la haine a souvent fait plus de faux coupables
Qu'un penchant malheureux n'en fait de véritables
Je dis plus; et quand même il seroit criminel,
Faut-il comme Caton être toujours cruel?

ACTE IV, SCENE I.

Dans son sang le plus pur voulez-vous noyer Rome?
Songez qu'un seul remords peut vous rendre un grand homme :
La rigueur n'a jamais produit le repentir;
Ce n'est qu'en pardonnant qu'on nous le fait sentir.
Rome n'est plus au temps qu'elle pouvoit sans craindre
Immoler à la loi quiconque osoit l'enfreindre :
D'ailleurs il est toujours imprudent de sévir,
A moins qu'en sûreté l'on ne puisse punir.
De quatre légions qui campoient vers Préneste
Celle de Manlius est la seule qui reste :
Quand le sénat devroit punir Catilina,
Êtes-vous assurés que quelqu'un l'osera?
S'il échappe à vos coups, redoutez sa vengeance,
Et des amis tout près d'embrasser sa défense :
A des projets nouveaux n'allez pas l'inviter
Par d'impuissants décrets qu'il sauroit éviter.
Pour l'intérêt public il faut qu'on lui pardonne,
Et qu'à son repentir le sénat l'abandonne.

CATON.

Si l'intérêt public décide de son sort,
Consul, qu'à l'instant même on lui donne la mort.

SCENE II.

CATILINA, ET LES ACTEURS PRÉCÉDENTS.

(Catilina entre brusquement par le milieu du sénat, qui se leve à son aspect. Un moment après, chacun reprend sa place.)

CATILINA.
La mort! A ce décret je crois me reconnoître.
CATON.
Tu le devrois du moins, puisqu'il regarde un traître.
CATILINA.
Je ne sais qui des deux, dans ce commun effroi,
Rome doit le plus craindre ou de vous ou de moi :
Je la sauve, et Caton la perd par un faux zele.
CICÉRON.
Téméraire! au sénat quel ordre vous appelle?
CATILINA.
Et qui m'empêcheroit, seigneur, de m'y montrer?
Sont-ce les ennemis que j'y puis rencontrer?
Je n'en redoute aucun, ni Caton, ni vous-même.
CICÉRON.
Quoi! vous joignez encore à cette audace extrême
Celle d'oser paroître en armes dans ces lieux!

ACTE IV, SCENE II.

CATILINA.

Que mes armes, consul, ne blessent point vos yeux;
Mais sur ce nouveau crime avant que de répondre
Souffrez sur d'autres points que j'ose vous confondre :
Auriez-vous oublié que je vous l'ai promis?
Quoiqu'à votre pouvoir vous ayez tout soumis,
J'espere cependant qu'on daignera m'entendre,
Et c'est en citoyen que je vais me défendre;
J'abdique pour jamais le rang de sénateur.
Pardonnez, Cépion, Crassus, et vous, préteur;
Antoine, à votre tour souffrez que je vous nomme
Parmi les ennemis du sénat et de Rome :
César ne paroît point, mais je vois Céthégus :
Il ne nous manque plus ici qu'un Spartacus;
Car entre nous et lui, grace à son imprudence,
Le vertueux Caton met peu de différence.
Hé bien! peres conscripts, êtes-vous rassurés?
Vous voyez d'un coup d'œil l'état des conjurés,
Leurs chefs et leurs soldats, cette nombreuse armée
Dont Rome en ce moment est si fort alarmée;
Ces périls enfantés par les folles erreurs
D'un témoin dont Tullie adopte les fureurs :
C'est sur ce seul témoin qu'une beauté si chere
Me croit dans le dessein d'assassiner son pere,
D'égorger le sénat; et vous le croyez tous!
Malheureux que je suis d'être né parmi vous!

Sylla vous méprisoit; et moi, je vous déteste :
De nos premiers tyrans vous n'êtes qu'un vil reste ;
Juges sans équité, magistrats sans pudeur,
Qui de vous commander voudroit se faire honneur?
Et vous me soupçonnez d'aspirer à l'empire,
Inhumains, acharnés sur tout ce qui respire;
Qui, depuis si long-temps, tourmentez l'univers!
Je hais trop les tyrans pour vous donner des fers.

CATON.

A quoi te serviroit cette troupe cruelle.
Que ton palais impur et vomit et recele,
Qui le jour et la nuit semant par-tout l'effroi,
Ministres odieux de tes fureurs...

CATILINA.
                    Tais-toi.
Il est vrai qu'autrefois, plus jeune et plus sensible,
(Vous l'avez ignoré ce projet si terrible,
Vous l'ignorez encor) je formai le dessein
De vous plonger à tous un poignard dans le sein :
L'objet qui vous dérobe à ma juste colere
Ne parloit point alors en faveur de son pere;
Mais un autre penchant plus digne d'un Romain
M'arracha tout-à-coup le glaive de la main :
Je sentis malgré moi l'amour de la patrie
S'armer pour des cruels indignes de la vie.
Aujourd'hui, que tout doit rassurer les esprits,

Une femme en fureur les trouble par ses cris;
A ses transports jaloux tout s'alarme, tout tremble,
Et c'est pour les servir que le sénat s'assemble!
C'est sur ses vains rapports qu'un homme impétueux
Veut perdre ce que Rome eut de plus vertueux;
Orgueilleux citoyen, dont l'austere sagesse
Est moins principe en lui qu'un fruit de sa rudesse;
Tyran républicain, qui malgré sa vertu
Est le plus dangereux que Rome ait jamais eu :
Par lui seul d'entre nous la concorde est bannie;
C'est lui qui, du sénat détruisant l'harmonie,
Fomente la chaleur de nos divisions,
Et nous force d'avoir recours aux factions.
Mais il veut gouverner; hé bien! qu'il vous gouverne,
Qu'il triomphe à son gré d'un sénat subalterne,
Qui, lâche déserteur de son autorité,
N'en a plus que l'orgueil pour toute dignité.
Et quel est aujourd'hui l'ordre de vos comices?
Le tumulte et l'effroi n'en sont que les prémices :
De chaque élection le meurtre est le signal;
Vos préteurs égorgés au pied du tribunal,
Un consul tout sanglant, mais trop juste victime
D'un peuple malheureux qu'à son tour il opprime :
Tous vos choix sont souillés par des assassinats;
Ainsi furent nommés vos derniers magistrats;
C'est ainsi qu'on élit ou que l'on sait exclure,

Et qu'on osa me faire une mortelle injure :
Le plébéien s'éleve, et le patricien
Se donne sans rougir un pere plébéien;
Et pour l'adoption où l'intérêt l'entraîne
Vous laissez profaner la majesté romaine.
Le voilà ce sénat, ce protecteur des lois,
Dont l'exemple auroit dû diriger tous les rois;
Le voilà ce sénat qui fait trembler la terre,
Et qui dispute aux dieux le dépôt du tonnerre.
La justice, autrefois votre divinité,
Ne regne plus ici que pour l'impunité;
La décence, les lois, la liberté publique,
Tout est mort sous le joug d'un pouvoir tyrannique :
Caton est devenu notre législateur,
L'idole des Romains...

    CICÉRON.

     Et vous le destructeur,
Traître! Si le sénat vous eût rendu justice,
Vos jours n'auroient été qu'un éternel supplice;
Mais si je puis encor faire entendre ma voix,
Vous ne braverez plus la foiblesse des lois.

    CATILINA.

Hé bien! pour achever de confondre un coupable,
Qu'on offre à mes regards ce témoin redoutable,
De vos soins pénétrants monument précieux,
Cet esclave qui peut me convaincre à vos yeux.

D'où vient qu'en ce moment vous me cachez Fulvie?
Manlius auroit-il disposé de sa vie?
Car elle fut toujours l'ame de ses secrets.

CICÉRON.

Laissons là Manlius; parlons de vos projets:
On ne connoît que trop vos lâches artifices.
Tremblez, séditieux, pour vous, pour vos complices;
Vous êtes convaincu, le crime est avéré:
Déja sur votre sort on a délibéré;
Vos forfaits n'ont que trop lassé notre indulgence.

CATILINA.

Je vais de ce discours réprimer l'insolence.
Vous pensez, je le vois, que, tremblant pour mes jours,
A des subtilités je veuille avoir recours:
Et qu'ai-je à redouter de votre jalousie?
Ainsi ne croyez pas que je me justifie.
Imprudents! savez-vous, si j'élevois la voix,
Que je vous ferois tous égorger à la fois?
Instruit de votre haine et de mon innocence,
Tout le peuple à grands cris m'excite à la vengeance;
Mais je n'imite pas les fureurs de Caton,
Et je laisse la peur au sein de Cicéron.
Je n'aurois pour punir votre coupable audace
Qu'à vous abandonner au coup qui vous menace;
Sans m'armer contre vous d'un secours étranger,
Me taire encore un jour suffit pour me venger.

Et vous me condamnez, insensés que vous êtes,
Moi qui retiens le fer suspendu sur vos têtes;
Moi qui, sans me charger d'un projet odieux,
N'ai qu'à laisser agir Manlius et les dieux;
Moi qui, pouvant me mettre à couvert de l'orage,
M'expose pour sauver un consul qui m'outrage!
(montrant Cicéron.)
J'ai causé par malheur votre premier effroi,
Et dans tous les complots vous ne voyez que moi;
Il en est cependant dont vous devez tout craindre.
Que vous êtes aveugle, et que Rome est à plaindre!
Laissons là Manlius, consul peu vigilant,
Tandis que Rome touche à son dernier instant,
Qu'au plus affreux danger le sénat est en proie,
Qu'on va faire de Rome un seconde Troie!
Lorsque vous ne songez qu'à me faire périr,
Ingrats, sur vos malheurs je me sens attendrir:
Je sens en ce moment l'amour de la patrie
Répandre dans mon cœur une nouvelle vie;
Et votre aveuglement me fait trop de pitié
Pour vous sacrifier à mon inimitié.

CICÉRON.

Hé bien! rompez, seigneur, un si cruel silence;
Punissez en Romain l'ingrat qui vous offense:
En faveur de vous-même osez tout oublier,
Et sauvez le sénat pour nous humilier.

ACTE IV, SCENE II.

CATILINA.

Je n'ai point attendu l'instant du sacrifice
Pour servir ce sénat qui m'envoie au supplice;
Depuis huit jours entiers j'assemble mes amis.
Les voilà ces complots que je me suis permis.
Mais, malgré tous les soins d'une ame généreuse,
Ils m'ont fait soupçonner d'une trame honteuse.
Armez sans différer, prévenez l'attentat,
Si vous voulez sauver la ville et le sénat.
Celui qui hors des murs commande vos cohortes,
Manlius, dès ce soir doit attaquer vos portes.

CICÉRON.

Manlius!

CATILINA.

   Oui, consul : craignez qu'avant la nuit
Aux dépens de vos jours on n'en soit trop instruit.
Je vous ai déclaré le chef de l'entreprise;
Veillez, ou de sa part craignez quelque surprise.
Je n'ai pu découvrir le reste du parti :
C'est à vous d'y penser; vous êtes averti.
Manlius vous trahit: c'étoit pour vous défendre
Qu'en armes dans ces lieux j'étois venu me rendre,
Et non pour vous punir de m'avoir outragé:
En combattant pour vous je suis assez vengé.
Vous pouvez désormais ou douter ou me croire;
J'ai rempli mon devoir et satisfait ma gloire.

Mes amis sont tout prêts, vous pouvez les armer;
Leur qualité n'a rien qui vous doive alarmer;
Vous les connoissez tous: songez au Capitole,
Garnissez l'Aventin, les portes de Pouzole;
Il faut garder sur-tout le pont Sublicien,
Le quartier de Caton, et veiller sur le mien;
Car le plus grand effort de ce complot funeste
Éclatera sans doute aux portes de Préneste,
Et mon palais y touche; on peut s'y soutenir,
Du moins un long combat pourra s'y maintenir.
Vous paroissez émus, et rougissez peut-être
D'avoir pu si long-temps me voir sans me connoître.
Après tant de mépris, après tant de refus,
Tant d'affronts si sanglants, dont vous êtes confus,
Aurois-je triomphé de votre défiance?
Non: j'en ai fait souvent la triste expérience,
On ne guérit jamais d'un violent soupçon;
L'erreur qui le fit naître en nourrit le poison,
Et dans tout intérêt la vertu la plus pure
Peut être quelquefois suspecte d'imposture:
Mais pour calmer les cœurs je sais un sûr moyen,
Qui vous convaincra tous que je suis citoyen.
On connoît Cicéron, et sa vertu sublime
A su dans tous les temps lui gagner votre estime:
Il en est digne aussi par sa fidélité.
Caton vous est connu par sa sévérité,

Cicéron ou Caton; l'un des deux, ne m'importe,
Je vais dès ce moment sans amis, sans escorte,
Me mettre en leur pouvoir: choisissez l'un des deux,
Ou le plus défiant, ou le plus rigoureux;
Je veux que de mon sort on le laisse le maître,
Qu'il me traite en héros, ou me punisse en traître :
Souffrez que sans tarder je remette en ses mains
Un homme la terreur ou l'espoir des Romains.

CATON.

Catilina, je crois que tu n'es point coupable;
Mais, si tu l'es, tu n'es qu'un homme détestable;
Car je ne vois en toi que l'esprit et l'éclat
Du plus grand des mortels, ou du plus scélérat.

CICÉRON.

Catilina, daignez reprendre votre place;
De vos soins par ma voix le sénat vous rend grace :
Vous êtes généreux; devenez aujourd'hui,
Ainsi que notre espoir, notre plus ferme appui;
Nos injustes soupçons n'ont plus besoin d'otage :
D'un homme tel que vous la gloire est le seul gage.
Vous, sénateurs, veillez à notre sûreté :
Il s'agit du sénat et de la liberté;
Courons sans différer où l'honneur nous appelle.
Adieu, Catilina : j'attends de votre zele
Tous les secours qu'on doit attendre d'un grand cœur.
Rome a besoin de vous et de votre valeur :

Combattez seulement, ma crainte est dissipée.
CATILINA, *à part, regardant sortir Cicéron.*
Va; ma valeur bientôt sera mieux occupée:
Elle n'aspire plus qu'à te percer le sein.

SCENE III.

CATILINA, CÉTHÉGUS.

CÉTHÉGUS.

Catilina, dis-moi, quel est donc ton dessein?
D'où naît ce désespoir? éclaircis ma surprise.
Après avoir formé la plus haute entreprise,
Toi-même tu détruis de si nobles projets!
Tu trahis Manlius, tes amis, tes secrets!

CATILINA.

Arrête, Céthégus; tu me prends pour Tullie:
Tes doutes ont blessé l'amitié qui nous lie;
Qu'entre nous désormais ils soient plus mesurés.
Mais avant tout dis-moi l'état des conjurés,
Et s'il en est quelqu'un qui tremble ou qui balance.

CÉTHÉGUS.

Aucun d'eux: nous pouvons agir en assurance.
Autour du vase affreux par moi-même rempli
Du sang de Nonius avec soin recueilli,
Au fond de ton palais j'ai rassemblé leur troupe:

ACTE IV, SCENE III.

Tous se sont abreuvés de cette horrible coupe ;
Et, se liant à toi par des serments divers,
Sembloient dans leurs transports défier les enfers.
De joie et de frayeur mon ame s'est émue.
César, le seul César s'est soustrait à leur vue.

CATILINA.

César n'a pas besoin de serments avec moi,
Et son ambition me répond de sa foi.
Pour toi, que de ma part rien ne devroit surprendre,
Qui sur un seul regard aurois dû mieux m'entendre,
Apprends que Manlius vouloit nous perdre tous,
Et qu'un moment plus tard c'en étoit fait de nous.
Manlius autrefois soupira pour Fulvie ;
Corrompu par ses pleurs, ou par sa jalousie,
Le perfide couroit nous vendre à Cicéron ;
Mais d'un dessein si lâche informé par Céson,
Un instant m'a suffi pour prévenir le crime :
Ma main fumoit encor du sang de la victime
Quand tu m'as vu paroître au milieu du sénat,
Qui pourra, s'il apprend ce nouvel attentat,
Croire qu'en sa faveur je l'ai commis peut-être,
Et que pour le gagner je l'ai défait d'un traître.
Au reste ne crains rien des frivoles récits
Dont je viens d'effrayer de timides esprits,
Qu'il falloit exciter par de feintes alarmes
Si je veux les forcer de recourir aux armes,

Ne pouvant sans nous perdre armer un seul guerrier
Si le sénat tremblant n'eût armé le premier.
Quel triomphe pour moi dans ce péril extrême
De le voir pour ma gloire armé contre lui-même!
Des postes différents faussement indiqués,
Qui, selon mon rapport, pourroient être attaqués,
Aucun ne me convient; mais il faut par la ruse
Disperser les soldats d'un sénat qu'elle abuse.
Prends garde cependant qu'à des signes certains
On puisse distinguer nos soldats des Romains.
Le palais de Sylla, notre plus fort asile,
Pourra seul plus d'un jour tenir contre la ville.
Céson, de Manlius devenu successeur,
Avec sa légion doit servir ma fureur.
Je ne crains que Rufus, préfet de six cohortes
Pleines de vétérans qui défendent les portes :
Rufus n'a de soutien ni d'ami que Caton ;
Et je n'ai convaincu ni lui ni Cicéron.
Si Rufus, dont je crains le courage et l'adresse,
Pénetre les complots où Céson s'intéresse,
Rufus tentera tout, la force ou les bienfaits,
Pour regagner Céson, ou rompre ses projets;
C'est l'unique moyen de tromper notre attente :
Mais ce péril nouveau n'a rien qui m'épouvante.
Les dangers que pour moi j'ai laissés entrevoir,
Malgré tant d'ennemis, me flattent de l'espoir

ACTE IV, SCENE III.

Qu'en des pieges nouveaux je pourrai les surprendre.
Soit pour s'en emparer, ou soit pour le défendre,
Autour de mon palais ils vont tous accourir;
Que ce soit pour ma perte ou pour me secourir,
Nos premiers sénateurs viendront le reconnoître;
Cicéron et Caton s'y trouveront peut-être.
Que ce moment me tarde, et qu'il me seroit doux
De pouvoir d'un seul coup les sacrifier tous!
Adieu, cher Céthégus : je vais revoir Tullie.

CÉTHÉGUS.

C'est elle qui nous perd.

CATILINA.

     Crois-tu que je l'oublie?
Je veux, pour l'en punir, employer à mon tour
Aux plus noirs attentats ses soins et son amour.
Va, ce n'est point à moi, dès qu'il s'agit d'offense,
Que l'on doive donner des leçons de vengeance;
De ce soin sur mon cœur tu peux te reposer :
C'est aujourd'hui qu'il faut tout perdre et tout oser.
Je vais solliciter la défense des portes,
Et l'ordre d'y placer de nouvelles cohortes,
Sur le prétexte vain de quelque affreux projet
Dont je puis avoir seul pénétré le secret.
Ce n'est pas tout; je veux par Tullie elle-même
M'assurer cet emploi, s'il est vrai qu'elle m'aime :
Sur ce fatal décret je vais la prévenir;

C'est de son amour seul que je veux l'obtenir.
Dans trois heures au plus le jour va disparoître :
Des postes d'alentour il faut te rendre maître.
Probus ne m'a fait voir qu'un esprit chancelant;
Prévenons les retours d'un conjuré tremblant,
Et de la même main songe à punir Fulvie
De ses forfaits nouveaux et de sa perfidie.
Plus de ménagements, de pitié, ni d'égards :
Le feu, le fer, le sang, voilà mes étendards.

FIN DU QUATRIEME ACTE.

ACTE CINQUIEME.

SCENE PREMIERE.

CICÉRON.

Caton ne paroît point, et la nuit qui s'avance
Accroît à chaque instant l'horreur qui la devance.
Pétréius, invité de hâter son retour,
Ne peut plus arriver avant la fin du jour;
Et ce jour malheureux étoit le seul peut-être
Qui pouvoit me flatter de triompher d'un traître:
Plus sur son innocence il a cru m'abuser,
Plus mon cœur défiant s'obstine à l'accuser.
Je sais qu'à Manlius il vient d'ôter la vie;
C'est pour mieux m'éblouir qu'il nous le sacrifie.
Trop heureux si je puis à mon tour lui cacher
Le péril du décret qu'il vient de m'arracher!
Mais nous sommes perdus si jamais il devine
Qu'en secret par Céson je trame sa ruine;
Des pieges qu'on lui tend habile à se venger,

Il en feroit sur moi retomber le danger.
Rufus m'assure en vain d'une longue défense,
Céson est désormais mon unique espérance.
Quelle honte pour vous, indomtables Romains,
De n'avoir pour appui que de si foibles mains !
O toi, qu'en ses malheurs Rome toujours implore,
Et que sans te nommer en secret elle adore ;
Toi, qui devois un jour, couronnant ses exploits,
Soumettre à son pouvoir les peuples et les rois,
Daigne aujourd'hui du moins, favorable génie,
La sauver de l'opprobre et de la tyrannie.
Caton ne revient point ; je crains que son ardeur
Plus loin que je ne veux n'entraîne son grand cœur.

SCENE II.

CATON, CICÉRON.

CICÉRON.

Mais je le vois ; c'est lui. Quoi ! vous êtes en armes !
Venez-vous redoubler, ou calmer nos alarmes ?

CATON.

Je voudrois vainement, dans ce désordre affreux,
Vous promettre, consul, quelque succès heureux :
Le destin du sénat est d'autant plus terrible
Que la main qui nous frappe est encore invisible :

ACTE V, SCENE II.

Victorieux, vaincu, j'ai combattu long-temps
Sans pouvoir reconnoître un seul des combattants.
Nos soldats étonnés, peu touchés de leur gloire,
N'ont plus ce noble orgueil garant de la victoire :
J'ai vu, non sans frémir, nos premiers vétérans
Muets, intimidés, abandonner les rangs.
La nuit achevera bientôt de tout confondre ;
Et Rufus de Céson n'ose plus me répondre.
Si Pétréius enfin ne vient nous secourir,
Il ne nous restera que l'honneur de mourir :
Mais si nous en croyons les lenteurs de Pompée,
Notre attente sur lui sera toujours trompée :
Son lieutenant, nourri dans cet abus fatal,
N'imitera que trop ce tiede général.
Cependant il est temps que Pétréius arrive ;
La chaleur du combat ne peut être plus vive.
Le fier Catilina, revêtu d'un emploi
Dont vous avez voulu le charger malgré moi,
Sur le frivole espoir de pouvoir le surprendre
Dans les pieges nouveaux que vous croyez lui tendre,
L'adroit Catilina vous aura pénétré :
Aux portes de Préneste il ne s'est point montré ;
L'intrépide Rufus, qui s'en est rendu maître,
A ce poste du moins ne l'a point vu paroître ;
Et je crains qu'il ne soit au palais de Sylla,
Car j'en ai vu sortir Célius et Sura :

Pomponius, suivi d'une troupe fidele,
L'investit, et pour vous rien n'égale son zele :
Il a fait mettre aux fers, sur l'avis de Céson,
Plusieurs séditieux, les Gaulois et Sunnon.
Soit hainé, soit mépris, dessein ou négligence,
L'indifférent Crassus garde un honteux silence.
César se tait aussi ; quel qu'en soit le sujet,
Rien n'est si dangereux que César qui se tait ;
Cependant son palais, dans une paix profonde,
Est, selon sa coutume, ouvert à tout le monde.
La moitié du sénat défend le Champ de Mars,
Où le peuple en fureur accourt de toutes parts ;
Rome enfin n'offre plus que l'effroyable image
D'un champ couvert de morts, et souillé de carnage.
Mais ce qui me surprend, c'est que Pomponius
M'a dit qu'en aucun lieu l'on n'a vu Manlius.

CICÉRON.

Manlius ne vit plus.

CATON.

Dieux ! quel bonheur extrême !
Qui l'a donc immolé ?

CICÉRON.

Catilina lui-même.

CATON.

Consul, vous m'alarmez ; et je crains que Céson

N'abuse comme vous d'un injuste soupçon.
Gardons-nous d'attaquer un homme impénétrable,
Qu'il faut craindre encor plus innocent que coupable.

CICÉRON.

Caton, écoutez moins cette rare candeur.
Eh! qui de tant de maux pourroit être l'auteur?
Qui, hors Catilina, peut vouloir nous détruire?
A de fausses lueurs vous laissez-vous séduire?
Que Manlius soit mort, qu'il l'ait sacrifié,
C'est prouver seulement qu'il s'en est défié :
Je ne vois dans ce coup que le meurtre d'un traître,
Qu'un autre a prévenu dans la crainte de l'être.
Plût aux dieux que, moins lent à punir ses forfaits,
Du chef des conjurés Céson nous eût défaits!
Si de quelque succès son audace est suivie,
Ses cruautés n'auront de bornes que sa vie.
Des infâmes complots formés par Céthégus
Ne voudriez-vous pas excepter Lentulus?
Bientôt jusque sur vous leur fureur va s'étendre.
Mais c'est trop s'arrêter.

CATON.

Consul, daignez attendre :
Je ne souffrirai point qu'abandonnant ces lieux
Vous osiez exposer des jours si précieux;
C'est votre ami, c'est moi qui vous en sollicite :

De chevaliers romains une troupe d'élite
Par mon ordre bientôt va se rejoindre à nous;
Permettez qu'avec eux je combatte pour vous.

SCENE III.

CICÉRON, CATON, LUCIUS.

CATON.

Mais je vois Lucius : que vient-il nous apprendre?

LUCIUS.

Qu'à l'instant près de vous Pétréius va se rendre;
J'entends déja son nom voler de toutes parts,
Et déja ses soldats ont bordé les remparts :
Sans le secours heureux que le ciel nous envoie
Aux plus cruelles mains Rome alloit être en proie.
Nous avons vu trois fois le fier Catilina
S'élancer en fureur du palais de Sylla,
Renverser, foudroyer nos plus fermes cohortes;
Trois fois, mais vainement, il a tenté les portes :
Je l'ai vu presque seul se mêler parmi nous;
J'ai vu Céson lui-même expirer sous ses coups;
De qui l'ose attaquer la ruine est certaine,
Et Rufus contre lui ne se soutient qu'à peine.
Seigneur, il m'a chargé de vous en avertir.

CATON.

Je vois nos chevaliers; il est temps de partir.

SCENE IV.

CICÉRON, CATON, TULLIE.

TULLIE.

Seigneur, où courez-vous, tandis que le carnage
Au soldat furieux laisse à peine un passage?
CICÉRON.
Rassurez-vous, ma fille, et restez en ces lieux;
Bientôt nous reviendrons y rendre grace aux dieux:
Ce temple en attendant vous servira d'asile;
Que sur Rome et sur moi votre cœur soit tranquille.

SCENE V.

TULLIE.

Espoir des malheureux, dieux, soyez mon recours!
Hélas! c'est de vous seuls que j'attends du secours.
A quel excès de maux me voilà parvenue!
On me fuit, on se tait: ô soupçon qui me tue!
Que je plains les malheurs de ce fatal décret,

Que mon pere a paru m'accorder à regret!
Loin d'oser sur ce choix lui faire violence,
Ne devois-je pas mieux pénétrer son silence?
J'entends avec fureur nommer Catilina;
On dit qu'il se retranche au palais de Sylla,
Tandis qu'en d'autres lieux il auroit dû paroître.
Est-ce là, s'il m'aimoit, que l'ingrat devroit être?
Peut-il m'abandonner en cette extrémité?
Quel usage fait-il de sa fidélité?
Aucun de ses amis n'accourt pour ma défense;
Et tous, jusqu'à Probus, évitent ma présence.
D'un funeste décret n'aurois-je armé sa main
Que pour voir immoler jusqu'au dernier Romain?
Cruel Catilina, soit perfide ou fidele,
Que tu coûtes de pleurs à ma douleur mortelle!
Que dis-je? et Manlius qu'il a sacrifié
Ne l'a-t-il pas déja plus que justifié?
Ne l'aimerai-je donc que pour lui faire outrage?
Dieux, éloignez de moi cet horrible nuage.
On vient: c'est lui. Je sens redoubler mon effroi.

SCENE VI.

CATILINA, *sans épée, un poignard à la main;*
TULLIE.

TULLIE.

Seigneur, en quel état vous offrez-vous à moi?
Quoi! tout couvert de sang! Quel désordre effroyable!
A qui réservez-vous ce fer impitoyable?
Que vois-je?

CATILINA.

        Un malheureux qui vient d'être vaincu,
Honteux de vivre encore, ou d'avoir tant vécu.
Dieux, qui m'abandonnez à mon sort déplorable,
Ramenez-moi du moins l'ennemi qui m'accable.
En vain, pour le chercher, j'échappe à mille bras,
Le lâche à ma fureur ne s'exposera pas.
Tandis qu'au désespoir tout mon cœur est en proie,
Mes cruels ennemis se livrent à la joie.
Ce fer, que je gardois pour leur percer le flanc,
Ne sera plus souillé que de mon propre sang.

TULLIE, *à part*.

Fatale vérité, que j'ai trop combattue,
De quel affreux éclat viens-tu frapper ma vue!

(*à Catilina.*)
Écoutez-moi, seigneur, et reprenez vos sens.
Qui peut vous arracher ces terribles accents?
Si vous êtes vaincu, mon père est donc sans vie?

CATILINA.

Eh! sait-il seulement qu'on meurt pour la patrie?
Ce n'est pas vous, c'est lui que je cherche en ces lieux:
Fuyez, éloignez-vous d'un amant furieux.
Dieux! après tant d'exploits dignes de mon courage,
Il ne me restera qu'une inutile rage!
Ah! si j'eusse manqué de prudence ou de cœur,
Je pourrois au destin pardonner mon malheur;
Mais que n'ai-je point fait dans ce moment terrible!
Et que falloit-il donc pour me rendre invincible?
Intrépides amis, dignes d'un sort plus doux,
Vous êtes morts pour moi, j'ose vivre après vous!
Quoi! Sylla presque seul, plus heureux que grand homme,
N'eut besoin que d'un jour pour triompher de Rome;
Et moi, triste jouet du perfide Céson,
Je suis vaincu deux fois, et par toi, Cicéron!
Quoi! dans le même instant qu'il faut que Rome tombe,
C'est toi qui la soutiens, et c'est moi qui succombe!
Mon génie, accablé par ce vil plébéien,
Sera donc à jamais la victime du sien?
Après m'avoir ravi la dignité suprême,
Ce timide mortel triomphe de moi-même!

Fortune des héros, ce n'est pas sur les cœurs
Que l'on te vit toujours mesurer tes faveurs.
Que l'on doit mépriser les lauriers que tu donnes,
Puisque c'est Cicéron qu'aujourd'hui tu couronnes!
O de mon désespoir vil et foible instrument,
Tu me restes donc seul dans ce fatal moment!
Mes généreux amis sont morts pour ma défense;
Et, pour comble d'horreur, je mourrai sans vengeance!
Dieux cruels, inventez quelque supplice affreux,
Qui puisse être pour moi plus triste et plus honteux!

TULLIE.

Malheureux! que dis-tu? Quand la mort t'environne,
Ton cœur respire encor le fiel qui l'empoisonne,
Et gémit de laisser des crimes imparfaits!

CATILINA.

Qu'entends-je? on m'ose ici reprocher des forfaits!
Cœur foible, qui, rampant sous de lâches maximes,
Croyez l'ambition une source de crimes,
Vaine erreur qu'un grand cœur sut toujours dédaigner,
Apprenez que le mien étoit fait pour régner.
Rome esclave, sans frein, avoit besoin d'un maître;
J'ai voulu lui donner le seul digne de l'être:
C'est moi. Si vous osez condamner ce projet,
Vous ne méritez pas d'en devenir l'objet.
N'auriez-vous pas voulu, pour gouverner l'empire,
Que j'eusse de Caton consulté le délire;

Ou que, faisant un choix plus conforme à vos vœux,
J'eusse, pour avilir tant d'hommes généreux,
Donné ma voix au dieu que le sénat révere,
Lui dont la seule gloire est d'être votre pere?

TULLIE.

Songez qu'il est du moins l'arbitre de vos jours.

CATILINA.

Voilà celui qui doit décider de leur cours.
Tout vaincu que je suis, craignez de voir paroître
Cet arbitre nouveau qu'on me donne pour maître.

TULLIE.

Écoutez-moi, cruel, avant que la fureur
Acheve d'aveugler votre indomtable cœur :
Les moments nous sont chers; et celui-ci, peut-être,
Va flétrir sur l'airain le jour qui vous vit naître.
Encor si, dans les champs où préside l'honneur,
Où le vaincu souvent peut braver le vainqueur,
Je vous voyois chercher une sorte de gloire,
Je pourrois sans rougir chérir votre mémoire :
Mais se donner la mort pour de honteux complots,
Est-ce donc là mourir de la mort des héros?
Je devrois vous haïr; mais votre mort prochaine
Éteint tout sentiment de vengeance et de haine.
Mon cœur, de ses devoirs autrefois si jaloux,
Qui, malgré tout l'amour dont il brûloit pour vous,
Se fit de votre perte un devoir légitime,

Ne sait plus aujourd'hui que pleurer sa victime.
Barbare, si jamais vous fûtes mon amant,
Si la mort vous paroît un frivole tourment,
Craignez-en un pour vous plus cruel : c'est moi-même;
C'est une amante en pleurs, qui vous perd et vous aime;
C'est ma douleur, qui va me conduire au tombeau.
Voulez-vous, en mourant, devenir mon bourreau?
Reconnoissez ma voix; c'est la fiere Tullie,
Que l'amour vous ramene et vous réconcilie,
Qui veut vous arracher à votre désespoir,
Et qui ne rougit plus de trahir son devoir.
Songez, Catilina, que Rome est votre mere;
Qu'à vous, plus qu'à tout autre, elle doit être chere.
Renoncez à l'orgueil de vouloir mettre aux fers
Un peuple à qui les dieux ont soumis l'univers.
Pour sauver votre honneur, n'employez d'autres armes
Qu'un retour vertueux, vos remords, et mes larmes :
Jurez-moi que jamais vous ne teindrez vos mains
De votre propre sang, ni du sang des Romains.
Je vais vous dérober au coup qui vous menace ;
Ce que j'ai fait pour Rome obtiendra votre grace.

CATILINA.

Ma grace est dans mes mains, cœur indigne du mien.
Cicéron vous a-t-il déja transmis le sien?
Moi, fléchir! moi, prier! moi, demander la vie!
L'accepter, ce seroit me couvrir d'infamie.

TULLIE.

Hé bien! cruel, méprise un pardon généreux,
J'y consens; mais du moins, dans ton sort malheureux,
De la part d'une amante accepte une retraite.

CATILINA.

M'y pourriez-vous cacher ma honte et ma défaite?
C'est là le trait cruel qui déchire mon cœur.
Ah! s'il vous touche encor, respectez mon malheur.
Si de vous obéir ce cœur étoit capable,
J'aurois trop mérité le destin qui m'accable.
Dans l'état où je suis, loin de vous attendrir,
C'est vous qui devriez m'exciter à mourir,
Et même me prêter une main généreuse.
Cachez à mes regards cette douleur honteuse.
Que craignez-vous? ma mort? La mort n'est qu'un instant,
Que le grand cœur défie, et que le lâche attend.
Vous m'indignez: je sens que ma raison s'égare.

TULLIE.

Frappe; mais, malgré toi, tu me suivras, barbare!
Ne crois pas m'effrayer par tes emportements;
Je ne me connois plus dans ces affreux moments.
Quoi! c'est Catilina qui manque de constance!
Malheureux! qu'attends-tu, sans armes, sans défense?
Le sénat va bientôt revenir en ces lieux:
Veux-tu que je te voie égorger à mes yeux?
Ingrat, suis-moi; du moins une fois en ta vie,

ACTE V, SCENE VI.

Reconnois, par pitié, l'empire de Tullie.
Tu n'as que trop bravé sa tendresse et ses pleurs;
Prête-moi ce poignard.

CATILINA, *se perce, et donne le poignard*
à Tullie.

Le voilà.

TULLIE.

Je me meurs!

CATILINA.

Tout est fini pour moi : mais, si je perds la vie,
Du moins mes ennemis ne me l'ont point ravie.
Séchez vos pleurs, Tullie : eh! que prétendez-vous
D'un cœur dont la mort seule éteindra le courroux?
Étouffez des regrets que ma fierté dédaigne;
C'est de mourir vaincu qu'il faut que l'on me plaigne.

SCENE VII.

CATILINA, TULLIE, LENTULUS, CÉTHÉGUS, les licteurs.

CATILINA, *voyant arriver les conjurés qu'on*
mene au supplice.

Voici le dernier coup que me gardoit le sort.

CÉTHÉGUS, *en passant.*

Adieu, Catilina : nous allons à la mort.

CATILINA.
Amis infortunés, ma main vient de répandre
Ce sang que j'aurois dû verser pour vous défendre.

SCENE VIII.

CICÉRON, CATON, TULLIE, CATILINA,
LES LICTEURS.

CATILINA, *voyant paroître Cicéron et Caton.*
Il ne me restoit plus, pour comble de douleur,
Que d'expirer aux yeux de mon lâche vainqueur.
  (*à Cicéron.*)
Approche, plébéien; viens voir mourir un homme
Qui t'a laissé vivant pour la honte de Rome.
  (*à Caton.*)
Et toi, dont la vertu ressemble à la fureur,
Au gré de mes desirs tu feras son malheur.
Cruels, qui redoublez l'horreur qui m'environne,
  (*il fait un mouvement pour se lever.*)
Qu'heureusement pour vous la force m'abandonne!
Mais croyez qu'en mourant mon cœur n'est point changé.
O César! si tu vis, je suis assez vengé.

FIN DE CATILINA.

LE TRIUMVIRAT,

OU

LA MORT DE CICÉRON,

TRAGÉDIE EN CINQ ACTES,

REPRÉSENTÉE, POUR LA PREMIERE FOIS,

LE 23 DÉCEMBRE 1754.

A MADAME BIGNON.

Madame,

Vous dédier le Triumvirat, c'est offrir un enfant à sa mere : heureux, si vous vous en fussiez moins rapportée à moi pour son éducation! plus heureux encore, si vous eussiez pu le douer d'une portion de ce génie si sage et si éclairé qui fut votre partage, mais qu'une modestie portée jusqu'à l'excès vous force trop souvent de condamner à un silence injurieux pour vos amis! Y en a-t-il qui se lassent de vous entendre? Quand on sait si bien penser et si bien parler, je crois, Madame, qu'il est honteux de se taire. Je souhaite que ce reproche fasse plus d'effet sur vous que n'en ont fait sur moi vos judicieux avis; mais on n'est pas poëte impunément. Malgré un grand nombre de fautes, que j'aurois pu éviter si je n'eusse consulté que vous, je me flatte que vous daignerez accepter sans répugnance l'hommage que je vous rends, avec serment d'être plus docile dans le nouvel ouvrage que vous me forcez d'entreprendre. Vouloir bien devenir, à votre âge, le précepteur d'un homme de quatre-vingt-un ans, est un trait digne de vous.

Je suis, avec le plus profond respect,

Madame,

Votre très humble et très obéissant serviteur,
Jolyot de Crébillon.

PRÉFACE.

Il y a peu d'exemples qu'un homme de quatre-vingt-un ans, âge qui semble inviter à l'indulgence, se soit vu aussi cruellement traité par la cabale que je le fus à la premiere apparition de cet ouvrage. Il est rare en même temps que le public se soit jamais déclaré si vivement et si promptement contre des manœuvres odieuses qui l'avoient indigné, puisqu'à la seconde représentation de cette tragédie, il me prodigua plus d'applaudissements que je n'en reçus de ma vie à aucune de mes pieces. On eût dit qu'il se faisoit un point d'honneur de protéger un vieux nourrisson qu'il a paru adopter dès ses premieres productions. Malgré les bontés dont il m'a honoré, la cabale n'en a pas moins répandu d'absurdités contre cet ouvrage, jusqu'à dire que c'étoit un réchauffé de Cromwel. Si j'aimois la vengeance, rien ne pourroit plus contribuer à la satisfaire qu'une méchanceté si stupide. Je laisse à penser quel rapport il peut y avoir entre le Trumvirat et Cromwel. Si j'avois un peu plus d'amour-propre, ce déchaînement me feroit croire que je puis encore exciter l'envie ; mais je n'en aurai jamais d'autre que celle de mériter les suffrages du public, et de lui donner des marques de ma reconnoissance. Je ne puis mieux le lui prouver qu'en continuant d'augmenter la mauvaise humeur de mes ennemis par de nouveaux ouvrages.

ACTEURS.

OCTAVE-CÉSAR, } triumvirs.
LÉPIDE, }
CICÉRON, consul.
TULLIE, fille de Cicéron.
SEXTUS, fils de Pompée, et déguisé sous le nom de Clodomir, chef des Gaulois.
MÉCENE, favori d'Octave.
PHILIPPE, affranchi du grand Pompée.

La scene est à Rome, dans la place publique.

LE TRIUMVIRAT.

Peyron inv. et del.   Baquoy sculp.

Traître, pour assouvir la fureur qui t'anime,
Tourne les yeux ; voilà ta dernière victime.

LE TRIUMVIRAT,

ou

LA MORT DE CICÉRON,

TRAGÉDIE.

ACTE PREMIER.

SCENE PREMIERE.

TULLIE.

Où vais-je, infortunée? et quel espoir me luit?
Que de cris! que de pleurs! et quelle affreuse nuit!
Effroyable séjour des horreurs de la guerre,
Lieux inondés du sang des maîtres de la terre,
Lieux dont le seul aspect fit trembler tant de rois,
Palais où Cicéron triompha tant de fois,
Désormais trop heureux de cacher ce grand homme,
Sauvez le seul Romain qui soit encor dans Rome.
   (*apercevant le tableau des proscrits.*)
Que vois-je à la lueur de ce cruel flambeau?

LE TRIUMVIRAT.

Ah! que de noms sacrés proscrits sur ce tableau!
Rome, il ne manque plus, pour combler ta misere,
Que d'y tracer le nom de mon malheureux pere,
Qu'on peut sans t'offenser nommer aussi le tien :
Hélas! après les dieux il est ton seul soutien.
  (à la statue de César.)
Toi qui fis en naissant honneur à la nature,
Sans avoir des vertus que l'heureuse imposture,
Trop aimable tyran, illustre ambitieux,
Qui triomphas du sort, de Caton, et des dieux;
Brutus, s'il est ton fils, a plus fait pour ta gloire
  (elle montre le nom d'Octave à la tête des
   proscripteurs.)
Que ce tigre adopté pour flétrir ta mémoire :
César, vois à quel titre il prétend t'égaler;
Mais c'est en proscrivant qu'il sait se signaler.
Sacrifie à nos pleurs ce successeur profane;
Si ton cœur l'a choisi, ta gloire le condamne :
Ce n'est pas sous son nom qu'un glorieux burin
Enchaînera jamais et la Seine et le Rhin.
Sous un joug ennobli par l'éclat de tes armes
Nous respirions du moins sans honte et sans alarmes;
Loin de rougir des fers qu'illustroit ta valeur,
On se croyoit paré des lauriers du vainqueur :
Mais sous le joug honteux et d'Antoine et d'Octave,
Rome, arbitre des rois, va gémir en esclave.

ACTE I, SCENE I.

Quel spectacle nouveau vient me remplir d'effroi!
(*à la statue de Pompée.*)
Ah, Pompée! est-ce là ce qui reste de toi?
Misérables débris de la grandeur humaine!
Douloureux monuments de vengeance et de haine!
Plus on dispersera vos restes immortels,
Et plus vous trouverez et d'encens et d'autels.
Et toi, digne héritier d'un nom que Rome adore,
Héros qu'en ses malheurs chaque jour elle implore,
Pour nous venger d'Octave accours, vaillant Sextus:
A ce nouveau César sois un nouveau Brutus.
Octave est si cruel, qu'il rendroit légitime
Ce qui même à ses yeux pourroit paroître un crime...

SCENE II.

CLODOMIR, TULLIE.

TULLIE.

Mais dans l'obscurité qu'est-ce que j'entrevois?
Hélas! que je le plains! c'est le chef des Gaulois.
Tandis que pour mon pere il expose sa vie,
Mon pere pour jamais va lui ravir Tullie.
Que cherchez-vous ici, généreux Clodomir?

CLODOMIR.

Ce que les malheureux cherchent tous: à mourir.

LE TRIUMVIRAT.

Madame, c'en est fait; la colere céleste
Va bientôt des Romains détruire ce qui reste :
Le jour n'éclaire plus que des objets affreux,
Et l'air ne retentit que de cris douloureux;
Les autels ne sont plus qu'un refuge effroyable
Que souille impunément le glaive impitoyable :
Un tribun massacré par ses propres soldats
Ne sert que de signal pour d'autres attentats;
Un fils presque à mes yeux vient de livrer son pere;
J'ai vu ce même fils égorgé par sa mere :
On ne voit que des corps mutilés et sanglants,
Des esclaves traîner leurs maîtres expirants;
Le carnage assouvi réchauffe le carnage.
J'ai vu des furieux dont la haine et la rage
Se disputoient des cœurs encor tout palpitants :
On diroit, à les voir, l'un l'autre s'excitants,
Déployer à l'envi leur fureur meurtriere,
Que c'est le dernier jour de la nature entiere;
Et, pour comble de maux, dans ces cruels instants
Rien ne m'annonce ici les secours que j'attends.
D'infortunés proscrits une troupe choisie
Va bientôt par mes soins se trouver dans Ostie :
J'ai sauvé Messala, Métellus, et Pison;
Mais ce n'est rien pour moi si je n'ai Cicéron :
C'est à ce tendre soin que mon amour s'applique
Pour sauver à la fois vous et la république.

Fuyez, belle Tullie, et daignez un moment
Vous attendrir aux pleurs d'un malheureux amant;
C'est pour vous, digne objet qui causez mes alarmes,
Que le plus fier des cœurs a pu verser des larmes.

TULLIE.

Moi fuir! ah, Clodomir! c'est en moi, dans mon sein,
Que Rome doit trouver son salut ou sa fin:
Les pleurs pour m'ébranler sont de trop foibles armes;
La vie a ses attraits, mais la mort a ses charmes.

CLODOMIR.

N'accablez point, Tullie, une ame au désespoir:
Si ma douleur n'a rien qui vous puisse émouvoir,
Écoutez-moi du moins en ce moment funeste.
De ce pere si cher, le seul bien qui vous reste,
L'implacable Fulvie a juré le trépas:
Vous la verrez bientôt l'arracher de vos bras,
Et couvrir de son sang cette auguste retraite,
Qui n'est pour Cicéron ni sûre ni secrete.
Octave a découvert qu'il étoit en ces lieux:
Rien n'échappe aux regards de cet ambitieux;
Dangereux et prudent, plus adroit que sincere,
Il ne s'attachera qu'à tromper votre pere.
Mécene est avec lui: ce sage courtisan,
Peu digne du malheur de servir un tyran,
Vient flatter Cicéron d'une faveur ouverte,
Sans savoir que peut-être il travaille à sa perte.

Octave vous adore, et prétend à son tour
Que votre pere et vous couronniez son amour;
Et moi, qui vous aimois plus qu'on n'aime la vie,
Je vous perds avec elle, adorable Tullie.
Votre hymen mettra fin à leur division,
Et c'est mon sang qui va sceller leur union.

TULLIE.

Votre sang! ah! croyez qu'il n'est point de puissance
Que je n'ose braver ici pour sa défense.
Eh! quel sang fut jamais si précieux pour nous?
Est-il quelque Romain qui le soit plus que vous?
Clodomir, il est temps de vous ouvrir mon ame.
J'ai vu sans m'offenser éclater votre flamme;
J'ai souffert sans courroux qu'un amour malheureux,
Malgré ma dignité, m'entretînt de ses feux;
Et, cédant sans effort au penchant invincible
Qui triomphoit d'un cœur si long-temps insensible,
Mon devoir contre vous n'a jamais combattu.
L'amour pour vos pareils devient une vertu;
Et la vôtre, d'accord avec mon innocence,
Ne m'a point fait rougir de ma reconnoissance.
Je ne vous cache point que mes vœux les plus doux
Se bornoient à l'espoir de vous voir mon époux;
Mais vous n'ignorez pas que la fierté romaine
Jamais dans ses hymens n'admet ni roi ni reine;
Qu'étranger, et sur-tout sorti du sang des rois,

ACTE I, SCENE II.

Notre union ne peut dépendre de mon choix.
Parmi tant de malheurs que nous avons à craindre,
De celui-ci mon cœur n'auroit osé se plaindre,
Si ce cœur, pénétré de vos soins généreux,
N'avoit cru vous devoir de si tendres aveux.
C'en est fait, Clodomir, la fortune inhumaine
Vient de briser les nœuds d'une innocente chaîne :
Plaignez-moi, plaignez-vous ; mais respectez mon cœur,
Ses regrets, son devoir, sa gloire, et sa candeur.
Un rival... (à ces mots ne craignez rien d'Octave,
Un tyran à mes yeux ne vaut pas un esclave)
Un rival plus heureux va causer nos malheurs,
Et je n'oserai plus vous donner que des pleurs :
Pour la derniere fois écoutez leur langage ;
Votre amour n'en doit pas exiger davantage.
Le fils du grand Pompée... hélas! que n'est-ce vous!
Que j'eusse avec plaisir accepté mon époux!
C'est vous en dire assez, et j'en dis trop peut-être :
Adieu. Bientôt Sextus en ces lieux va paroître :
Consultez mon devoir... Ah! fuyez, Clodomir!
Quelqu'un vient, et je crois que c'est un triumvir.
Mon pere vous attend.

SCENE III.

LÉPIDE, TULLIE.

LÉPIDE.

    Vertueuse Tullie,
Arrêtez un moment; c'est moi qui vous en prie.
Confondez-vous Lépide avec des furieux,
Opprobres à la fois des hommes et des dieux?
Triumvir malgré moi, tyran sans barbarie,
Je venois avec vous pleurer sur la patrie,
Et dire à votre pere un éternel adieu.
Ma vertu souffre trop en ce funeste lieu,
Dont je ne puis chasser mes collegues impies,
Monstres dans les enfers nourris par les Furies;
Et le sénat, en proie à ces deux inhumains,
Me charge des forfaits réservés à leurs mains:
Tandis que nos malheurs sont leur unique ouvrage,
La haine et le mépris vont être mon partage;
Sur un honteux soupçon et si peu mérité
Du cœur de Cicéron j'attends plus d'équité.
Mais de ces lieux cruels il faut que je m'exile;
Dans l'Espagne, où j'ai su me choisir un asile,
Je vais chercher, madame, un ciel moins corrompu,
Pour sauver mon honneur, mon nom, et ma vertu.

TULLIE.

Ah! la vertu qui fuit ne vaut pas le courage
Du crime audacieux qui sait braver l'orage:
Que peut craindre un Romain des caprices du sort
Tant qu'il lui reste un bras pour se donner la mort?
Avez-vous oublié que Rome est votre mere?
Demeurez; imitez l'exemple de mon pere,
Et de votre vertu ne nous vantez l'éclat
Qu'après une victoire, ou du moins un combat.
On n'encensa jamais la vertu fugitive,
Et celle d'un Romain doit être plus active:
On ne le reconnoît qu'à son dernier soupir;
Son honneur est de vaincre, et vaincu, de mourir:
De toute autre vertu rejetez le mensonge;
La mort pour un Romain n'est que la fin d'un songe.

SCENE IV.

CICÉRON, TULLIE, LÉPIDE.

TULLIE.

Mais Cicéron qui vient vous dira mieux que moi
Qu'un grand homme n'est rien s'il ne l'est que pour soi.

CICÉRON.

Près de voir consommer mon destin déplorable,

Et parer de mon nom cette odieuse table,
(montrant le tableau des proscrits.)
Je ne m'attendois pas qu'un lâche triumvir
Vînt m'apporter lui-même un ordre de mourir :
Hélas! c'est aujourd'hui tout ce que je desire ;
Vous n'aurez pas besoin, cruel, de me proscrire.

LÉPIDE.

Rendez plus de justice aux soins d'un tendre ami.

CICÉRON.

Eh! quel autre dessein peut vous conduire ici?
Lépide, est-ce bien vous? Quoi! ce même Lépide
Qui s'enorgueillissoit d'une vertu rigide,
De nos derniers malheurs sacrilege artisan,
A mes yeux indignés n'offre plus qu'un tyran!

LÉPIDE.

Cicéron, respectez l'amitié qui nous lie ;
La mienne vous révere, et la vôtre s'oublie.
Quoi! si savant dans l'art de lire au fond des cœurs,
C'est vous qui des tyrans m'imputez les fureurs!
Ah! de leur cruauté loin que je sois complice,
Il n'est point de moments où mon cœur n'en gémisse.

CICÉRON.

Faites moins éclater une feinte douleur,
Qui ne sert qu'à prouver que vous manquez de cœur :
Pourquoi donc vous unir à la toute-puissance,
Dès que vous n'en pouvez réprimer la licence,

Ni soutenir un rang qui doit régler vos pas?
Si votre cœur est pur, vos mains ne le sont pas.
Le sang coule à vos yeux, vous n'osez le défendre;
C'est vous qui le versez en le laissant répandre.
D'Antoine et de César collegue sans honneur,
Lorsque vous en pourriez devenir la terreur,
A peine vous osez disputer votre tête,
Trop heureux en fuyant d'éviter la tempête.
Inutile tyran d'un peuple malheureux,
Soyez du moins pour nous un tyran courageux;
Et si c'est à régner que votre cœur aspire,
Sauvez donc les sujets qui forment votre empire.
Unissons nos efforts et notre désespoir;
Du sénat expirant ranimons le pouvoir.
Lorsque de Rome en feu les cris se font entendre,
Attendez-vous sa fin pour pleurer sur sa cendre?
Ouvrez les yeux, Lépide, et revenez à vous;
Rome en pleurs avec moi vous implore à genoux:
Devenons tour-à-tour peres de la patrie,
Et rendons aux Romains une nouvelle vie:
Dussions-nous à la mort nous livrer sans succès,
Nous revivrons tous deux pour ne mourir jamais.

LÉPIDE.

Pour le salut de Rome inutile espérance!
Abandonnez aux dieux le soin de sa défense.
Il n'est plus de Romains, ni de lois, ni d'état;

C'est votre nom lui seul qui fait tout le sénat.
Romain trop vertueux, dans ce malheur extrême
Ne songez qu'à sauver votre fille et vous-même.
Tout l'univers en vain s'intéresse à vos jours
Si la fureur d'Antoine en veut trancher le cours.
Échauffé par les cris d'une femme inhumaine,
Que des fleuves de sang satisferoient à peine,
Ce cruel veut vous mettre au nombre des proscrits;
Et vous pouvez juger quel en sera le prix.
Je crains qu'à vos dépens Octave ne se venge,
Et que de Lucius vous ne soyez l'échange.
Octave, qui poursuit l'oncle du triumvir,
Ne se rendra jamais qu'on ne l'ait fait mourir;
Et l'on n'apaisera la haine de Fulvie
Que de tout votre sang on ne l'ait assouvie.
Il est vrai que contre eux Octave vous défend;
Mais de ses intérêts son amitié dépend :
La seule ambition gouverna sa jeunesse,
Et le gouvernera jusque dans sa vieillesse;
Ainsi n'attendez rien de ce volage appui,
Que vous perdrez demain, si ce n'est aujourd'hui.
J'ai fixé mon séjour sur les rives du Tage;
C'est sur ces bords heureux devenus mon partage,
D'un pouvoir usurpé restes injurieux,
Que je veux transporter Cicéron et mes dieux :
Venez y partager l'empire et ma fortune,

Qu'une tendre amitié doit nous rendre commune.
CICÉRON.
Qu'entends-je?
LÉPIDE.
Et dans ces lieux quel est donc votre espoir?
CICÉRON.
J'y veux avec le mien remplir votre devoir;
J'y veux faire moi seul ce qu'y doit faire un homme
Qui veut mourir pour Rome, ou mourir avec Rome.
Vous croyez, je le vois, parler au Cicéron
De qui la fermeté n'illustra point le nom;
Mais je vous ferai voir que ma seule sagesse
Me fit sur ma douceur soupçonner de foiblesse.
Dans les temps orageux où mon autorité
N'avoit sur le sénat qu'un pouvoir limité,
Je laissai de Sylla triompher l'insolence:
Le respect sur César m'imposa le silence;
Et ce même César prouve que la douceur
Peut ainsi que la gloire habiter un grand cœur.
Quand par des soins prudents j'ai conjuré l'orage,
Si l'on m'a reproché de manquer de courage,
Les désordres présents, ma mort, et mes revers,
Vont me justifier aux yeux de l'univers.
LÉPIDE.
Et sur quoi voulez-vous que l'on vous justifie?
Vivez pour illustrer encor plus votre vie.

Je crains un désespoir. Ah! mon cher Cicéron,
Le ciel ne vous fit point pour imiter Caton.
CICÉRON.
L'exemple de Caton seroit honteux à suivre :
Plus le malheur est grand, plus il est grand de vivre.
LÉPIDE.
Voilà les sentiments qu'a dû vous inspirer
Cette gloire où vous seul avez droit d'aspirer :
Mais laissez-moi le soin d'une tête si chere,
Daignez me confier et la fille et le pere ;
Que je puisse, en sauvant des jours si précieux,
Me flatter avec vous d'un retour en ces lieux.
Conservons au sénat un ami si fidele,
A Rome un magistrat qui fut si digne d'elle ;
Dans notre exil commun venez me consoler.
Voulez-vous qu'à mes yeux je vous voie immoler?
D'Octave prévenant redoutez les finesses ;
Mais craignez encor moins son art que ses promesses.
Je vais guider vos pas en des lieux écartés
Où l'on ne peut jamais vous découvrir.
CICÉRON.
       Partez :
J'aurai moins à rougir de me donner un maître
Que de suivre un ami si peu digne de l'être.
Que César me soutienne ou me manque de foi,
Antoine, vous, et lui, tout est égal pour moi ;

Si le destin me garde une fin malheureuse,
La fuite ne pourroit que la rendre honteuse.
Je n'ai connu qu'un bien, c'étoit la liberté;
Je l'ai perdu : grands dieux, qui me l'avez ôté,
Que ne m'arrachiez-vous une importune vie
Qu'en vain votre courroux réserve à l'infamie?

LÉPIDE.

Je ne vous presse plus; mais avant mon départ
D'un secret important je veux vous faire part.
Sextus, que l'on croyoit au rivage d'Ostie,
Est depuis quelque temps caché dans l'Italie;
Je soupçonne de plus qu'il pourroit être ici;
Gardez-vous d'embrasser ce dangereux parti :
Celui des conjurés seroit moins sûr encore;
Ce sont des assassins que l'univers abhorre;
Et si jamais César peut découvrir Sextus,
Vous vous perdez tous deux ainsi que Métellus.

CICÉRON.

Que m'importe Sextus? et que voulez-vous dire?

LÉPIDE.

Ce que pour vous sauver mon amitié m'inspire.
En vain vous prétendez sous le nom d'un Gaulois
Nous cacher un guerrier connu par tant d'exploits :
Cicéron, mon dessein n'est pas de vous surprendre;
Je sais tout, j'ai tout vu; cessez de vous défendre.
J'ai trop aimé Pompée, et trop connu ses fils

Pour croire qu'à Sextus mes yeux se soient mépris.
Je viens de l'entrevoir.

CICÉRON.

Hé bien! si de son pere
La mémoire aujourd'hui peut vous être encor chere,
Loin de rougir des biens qu'il répandit sur vous,
Qu'un noble souvenir vous les rappelle tous;
De ce nom si vanté ranimons la puissance,
Et d'un fils malheureux embrassez la défense :
Détruisons les tyrans et le triumvirat,
Ou formons-en un autre appuyé du sénat;
Qu'aux transports d'un ami votre vertu réponde :
Devenons les soutiens et les maîtres du monde;
Mais ne le soumettons à notre autorité
Que pour donner aux lois toute leur liberté.

LÉPIDE.

De ce rare projet j'admire la noblesse;
J'en conçois la grandeur, encor mieux la foiblesse :
Je vois des généraux qui n'auront pour soldats
Que des proscrits errants de climats en climats.
Croyez-moi, Cicéron, votre unique espérance
Est de pouvoir d'Antoine éviter la vengeance :
Fuyez avec Sextus, ou fuyez avec moi;
Choisissez l'un de nous, et comptez sur ma foi.
Mais pour jamais de Rome il faut que je m'exile :

Pour la derniere fois je vous offre un asile;
Adieu.

SCENE V.

CICÉRON.

Foible tyran, garde pour tes pareils
Ton amitié, tes soins, ta honte, et tes conseils;
Lâche, plus digne encor de mépris que de haine.
Déja le jour plus grand m'annonce que Mécene,
Qui dans ce trouble affreux s'intéresse à la paix,
Doit être dès long-temps rentré dans ce palais:
Allons. Mais il est temps que j'instruise ma fille
D'un secret qui peut perdre ou sauver ma famille.
Sur nos desseins communs craignons moins d'alarmer
Un grand cœur qui sait plus que de savoir aimer.
De ses frayeurs pour moi Sextus qui se défie
Ne connoît pas encor tout le cœur de Tullie.
Non, ne lui laissons plus ignorer un secret
Que ma tendre amitié lui cachoit à regret.
Clodomir, devenu le fils du grand Pompée,
Ne pourra me blâmer de l'avoir détrompée.
Unissons-les, donnons à César un rival
Dont le nom seul pourra lui devenir fatal.

ACTE I, SCÈNE V.

Essayons cependant de fléchir un barbare,
Pour suspendre les coups que sa main nous prépare;
Mais s'il veut s'emparer du pouvoir souverain,
A son ambition nous pourrons mettre un frein.
Dieu puissant des Romains, indomtable génie,
Aujourd'hui dieu du meurtre et de la tyrannie,
Si je ne puis changer tes décrets immortels,
Fais-moi du moins mourir au pied de tes autels.

FIN DU PREMIER ACTE.

ACTE SECOND.

SCENE PREMIERE.

OCTAVE, MÉCENE.

OCTAVE.

Oui, Mécene, je sais qu'une ardente vengeance
A souvent confondu le crime et l'innocence,
Qu'à des yeux prévenus le mal paroît un bien,
Que la haine est injuste et n'examine rien;
Mais je sais encor mieux qu'une aveugle clémence
Loin d'arrêter le crime, en nourrit la licence :
Plus on doit épargner les hommes vertueux,
Plus il faut des méchants faire un exemple affreux.
Quel que soit mon courroux, il est si légitime
Qu'il ne me permet pas le choix d'une victime :
Le seul infortuné digne de mes regrets,
Dont la mort flétriroit à jamais nos décrets,
C'est l'orateur fameux pour qui Rome m'implore,
Et qu'un funeste amour me rend plus cher encore.

Le divin Cicéron, dont le nom glorieux
Triomphera toujours dans ces augustes lieux;
Je veux le rendre aux pleurs de l'aimable Tullie,
Et le sauver des coups de l'indigne Fulvie.
Tu l'as vu cette nuit, conçois-tu quelque espoir
Qu'il veuille en ma faveur employer son pouvoir?
Il est bon qu'en public il prenne ma défense,
Pour disposer le peuple à plus d'obéissance,
Et que par ses amis il inspire au sénat
De réunir en moi tout le triumvirat.
César, pour rétablir l'état en décadence,
Crut devoir s'emparer de la toute-puissance;
Il sentit (et j'ai dû le sentir comme lui)
Qu'il ne faut aux Romains qu'un seul maître aujourd'hui.

MÉCÈNE.

Cicéron désormais n'a qu'un desir unique,
C'est de vous voir, seigneur, sauver la république,
D'Antoine qu'il méprise abaisser la grandeur,
Devenir du sénat l'ame et le protecteur :
Sur tout autre projet il sera peu flexible.
Cependant à vos soins il m'a paru sensible :
Essayez d'engager ce fier républicain
A vous laisser jouir du pouvoir souverain;
C'est sur ce point qu'il faut le vaincre ou le séduire.
Cicéron, dès qu'il peut vous servir ou vous nuire,
Ne vous laisse qu'un choix, le perdre ou le sauver :

ACTE II, SCENE I.

Le plus digne de vous est de le conserver;
Son amitié, son nom, ses conseils, sa prudence,
Son crédit au sénat, sur-tout son éloquence,
Deviendroient votre appui dans un péril pressant.

OCTAVE.

Rien n'est si dangereux dans un état naissant
Que ces hommes de bien que le public admire,
Qui, sur le préjugé d'un vertueux délire,
N'embrassent le parti des autels ou des lois
Que pour tyranniser les peuples ou les rois.

SCENE II.

OCTAVE, MÉCENE, CICÉRON.

OCTAVE.

J'aperçois Cicéron; laisse-nous seuls, Mécene.

SCENE III.

OCTAVE, CICÉRON.

OCTAVE, *à part.*

Que sa douleur me trouble, et me cause de peine !
(*haut.*)
A votre nom célebre on doit trop de respect

Pour croire que le mien vous puisse être suspect.
Quoique des triumvirs il ait lieu de se plaindre,
Cicéron près de moi sait qu'il n'a rien à craindre.
Comme il s'agit de Rome, à ce nom si chéri
Je suis sûr de trouver votre cœur attendri,
Et que vous me verrez ici sans répugnance.

CICÉRON.

Comment avez-vous pu desirer ma présence?
César, en quel état vous offrez-vous à moi?
Ah! ce n'est ni son fils, ni César que je vois;
Vos mains n'en ont que trop souillé la ressemblance,
Et Rome n'en peut trop pleurer la différence.
Malheureux! pouvez-vous, sans l'inonder de pleurs,
Sur son sein déchiré déployer vos fureurs?
O César, ce n'est pas ton sang qui l'a fait naître!
Brutus qui l'a versé méritoit mieux d'en être :
Le meurtre des vaincus ne souilloit point tes pas;
Ta valeur subjuguoit, mais ne proscrivoit pas :
Si tu versois du sang pour soutenir ta gloire,
De ta clémence en pleurs tu parois la victoire;
Et vous, sans redouter l'exemple de sa mort,
Vous semblez n'envier que son funeste sort :
Peu jaloux d'hériter de ses sages maximes,
Cruel, vous ne songez qu'à parer des victimes.

OCTAVE.

D'un reproche odieux qui blesse mon honneur,

ACTE II, SCENE III.

Cicéron, modérez l'indiscrete rigueur :
Mais, pour justifier un discours qui m'étonne,
Et que mon amitié cependant vous pardonne,
César, que vous venez de placer dans les cieux,
Et que pour m'abaisser vous égalez aux dieux,
En quels lieux, répondez, a-t-il perdu la vie ?
Fut-ce aux bords de la Seine, ou dans Alexandrie ?
Est-ce aux champs de Pharsale, où pour votre bonheur
La victoire à genoux couronnoit sa valeur ?
Non, ce fut au sénat, et dans le sein de Rome
Que l'on osa trancher les jours de ce grand homme ;
Et vous m'osez blâmer de répandre le sang
De ceux dont la fureur lui déchira le flanc !
Quel autre ai-je proscrit ? orateur téméraire !
Je voudrois en pouvoir couvrir toute la terre :
Quelque sang qu'à sa mort j'ose sacrifier,
Je n'en connois aucun digne de l'expier.
Du meurtre de César condamner la vengeance,
C'est des plus noirs forfaits consacrer la licence.

CICÉRON.

Un meurtre, quel qu'en soit le prétexte ou l'objet,
Pour les cœurs vertueux fut toujours un forfait ;
Mais les républicains ne se font pas un crime
D'immoler un tyran même digne d'estime :
Ils ne regardent point leur tyran comme un roi
Qu'éleve au-dessus d'eux la naissance ou la loi ;

Et, sans avoir pour lui les lois ni la naissance,
César osa des rois s'arroger la puissance.
Non que des conjurés j'approuve la fureur;
Je déteste leur crime, encor plus son vengeur;
Car vous multipliez à tel point les supplices,
A Brutus vous cherchez tant de nouveaux complices,
Qu'il semble que César renaisse chaque jour,
Et que chacun de nous l'assassine à son tour.
Contre un peuple à genoux armer la tyrannie,
De l'univers entier détruire l'harmonie,
Et de ses ennemis se défaire à son choix,
Rendre le glaive seul l'interprete des lois,
Employer pour venger le meurtre de son pere
Des flammes ou du fer l'odieux ministere,
Donner à ses proscrits pour juges ses soldats;
Du neveu de César voilà les magistrats.
Qui vous a confié l'autorité suprême?

OCTAVE.

Le besoin de l'état, mon épée, et moi-même.
Et de quel droit enfin osez-vous aujourd'hui
Interroger César, et César votre appui?
Revenez d'une erreur qui vous seroit fatale:
Un homme tel que moi ne veut rien qui l'égale;
Dès que César n'est plus, et qu'il revit en moi,
Qui d'entre les Romains doit me donner la loi?
Croyez-vous rétablir par votre politique

D'un peuple et d'un sénat l'union chimérique?
Ce n'étoit qu'un vain nom dès le temps de Sylla,
Qui s'est évanoui depuis Catilina.
Si de nos Scipions les jours pouvoient renaître,
Ce n'est que sous moi seul qu'on les verroit paroître :
Mais vous voyez assez qu'il n'est aucun espoir
De remettre les lois dans leur premier pouvoir.
Le glaive qui vous fit gagner tant de victoires,
Et qui de nos exploits embellit tant d'histoires,
Le glaive qui vous fit triompher tant de fois,
Vous subjugue à son tour, et triomphe des lois.
Dès qu'il faut obéir, le parti le plus sage
Est de savoir se faire un heureux esclavage.
La liberté n'est plus qu'un bien d'opinion;
Le nom de république une autre illusion,
Dont il faut rejeter l'orgueilleuse chimere,
Source de trop de maux pour vous être encor chere.
Qu'espérez-vous enfin quand tout est renversé,
Quand le sénat n'est plus qu'un troupeau dispersé?
Où sont vos légions pour soutenir la gloire
De ce corps dont sans vous on perdroit la mémoire?
En vain vous prétendez affranchir les Romains
Du joug qu'ils imposoient au reste des humains :
L'univers nous demande une forme nouvelle,
Et Rome un empereur qui commande avec elle :
Trop heureux les Romains si pour ce haut emploi

Ils n'avoient désormais à redouter que moi !
Mon collegue insolent vous fait assez connoître
Que d'un emploi si noble il se rendroit le maître,
Si vous pouviez souffrir qu'il osât s'en saisir ;
Mais vous me choisirez, si vous savez choisir.
Le cruel triumvir demande votre tête ;
Son crédit l'obtiendra, si le mien ne l'arrête.
Un intérêt si cher doit nous concilier.
Pour mieux détruire Antoine il faut nous allier.
Vos vertus, vos malheurs, mon amour pour Tullie,
Mon honneur, tout m'engage à vous sauver la vie.
Vous fûtes autrefois mon premier protecteur,
Votre bouche long-temps s'ouvrit en ma faveur ;
Je vous dois mes grandeurs, une amitié sincere.
Aimez-moi, Cicéron, et devenez mon pere.

CICÉRON.

Abdique, je t'adopte, et ma fille est à toi,
Pourvu qu'elle consente à te donner sa foi,
Qu'elle daigne accepter l'époux de Scribonie,
Et qu'au sort d'un César elle veuille être unie :
Je doute cependant qu'élevée en mon sein,
Un tyran, quel qu'il soit, puisse obtenir sa main.
Elle vient, tu pourras t'expliquer avec elle :
Si tu l'aimes, tu dois la prendre pour modele.
Rentre dans ton devoir, sois Romain ; à ce prix
Tu deviendras bientôt son époux et mon fils :

ACTE II, SCENE III.

Mais si tu veux toujours tenir Rome asservie,
Tu peux quand tu voudras me livrer à Fulvie.

SCENE IV.

OCTAVE.

L'excès où Cicéron vient de s'abandonner
M'éclaire, et d'un complot me le fait soupçonner :
C'est lui qui doit trembler, et c'est lui qui menace !
Sans Brutus ou Sextus, il auroit moins d'audace.

SCENE V.

TULLIE, OCTAVE.

TULLIE.

Tandis que pour lui seul je venois en ces lieux,
Cicéron tout-à-coup disparoît à mes yeux;
Je n'en ai pas moins vu qu'une peine mortelle
Accabloit son grand cœur d'une douleur nouvelle.
Se peut-il qu'un objet si digne de pitié
Ne puisse triompher de votre inimitié?
Languissant, malheureux, sans amis, sans défense,
Auroit-il de César essuyé quelque offense?
J'ai vu que tout en pleurs il s'éloignoit de vous,

Et vos yeux sont encore enflammés de courroux.
OCTAVE.
Si les vôtres daignoient lire au fond de mon ame,
Ils seroient peu troublés du courroux qui l'enflamme,
Et vous jugeriez mieux des sentiments d'un cœur
Digne de s'enflammer d'une plus noble ardeur.
Quelque haine que fasse éclater votre pere,
Pour oser le haïr sa fille m'est trop chere;
Je n'oublîrai jamais qu'en vous donnant le jour
C'est à lui que je dois l'objet de mon amour.
Ah! loin de l'outrager, c'est Cicéron lui-même
Qui venge ses chagrins sur un cœur qui vous aime.
Plus il est malheureux, plus je m'attache à lui,
Sur-tout depuis qu'il n'a que moi seul pour appui.
C'est pour lui conserver et les biens et la vie
Que j'arme contre moi la cruelle Fulvie :
Lorsque César enfin s'offre pour votre époux,
Cicéron est encor plus injuste que vous.
TULLIE.
Je vous croyois toujours l'époux de Scribonie;
Mais avec vos pareils malheur à qui s'allie!
A vous voir d'un hymen nous imposer la loi,
On croiroit que César peut disposer de moi,
Et qu'au mépris des lois, au défaut du divorce,
Il peut quand il voudra m'obtenir par la force,

Et qu'enfin, au-dessus d'un citoyen romain,
Il veut de ses amours traiter en souverain.
Encor si vous aviez abdiqué la puissance,
Ou plutôt d'un tyran abdiqué l'arrogance,
Vous pourriez à vos vœux permettre quelque espoir.

OCTAVE.

Si j'osois abdiquer le souverain pouvoir,
Quel rang pourrois-je offrir désormais à Tullie?

TULLIE.

Le rang d'un citoyen pere de la patrie;
D'un Romain qui ne sait briguer d'autres honneurs
Que ceux dont la vertu couronne les grands cœurs.

OCTAVE.

Prévenu comme vous des chimeres romaines,
Si de l'autorité j'abandonnois les rênes
Pour régler ma fortune au gré de mon amour,
Antoine voudra-t-il abdiquer à son tour?

TULLIE.

Eh! que peut m'importer que le cruel abdique,
Dès que nous n'avons plus ni lois ni république?
Impérieux amant, qui me parlez en roi,
Savez-vous que Brutus est moins Romain que moi?
Régnez, si vous l'osez; mais croyez que Tullie
Saura bien se soustraire à votre tyrannie:
Si du sort des tyrans vous bravez les hasards,

Il naîtra des Brutus autant que des Césars.
OCTAVE.
De la part de Tullie un dédaigneux silence
Eût été plus séant que tant de violence :
Je ne m'attendois pas qu'un si cruel mépris
De tout ce que j'ai fait dût être un jour le prix.
De l'ingrat Cicéron j'ai souffert les caprices
Sans me plaindre de lui ni de ses injustices :
Votre pere au sénat m'a cent fois outragé ;
Dans ses emportements il n'a rien ménagé ;
Avec mes ennemis son cœur d'intelligence
N'a jamais respiré que haine et que vengeance ;
Tandis qu'avec ardeur je combattois les siens,
Cicéron à me perdre encourageoit les miens ;
Je viens d'en essuyer la plus sanglante injure,
Sans qu'elle ait excité le plus léger murmure :
Et l'on m'outrage, moi ! je suis un inhumain
Dont sans crime à son gré l'on peut percer le sein !
Pourquoi ? parcequ'on veut arracher aux supplices
Du meurtre de César l'auteur et les complices,
Et que le furieux qui lui perça le flanc
S'abreuve dans le mien du reste de son sang.
César, qui jusqu'au ciel vit s'élever sa gloire,
Immortel ornement du temple de mémoire ;
César, indignement traîné dans le sénat,
N'est point encor vengé d'un si noir attentat ;

ACTE II, SCENE V.

Et si je veux vous plaire il faut que je l'oublie,
Que je laisse un champ libre au pere de Tullie,
Qui veut que de César les lâches meurtriers
Rentrent dans le sénat couronnés de lauriers;
Et que, sacrifiant à Brutus son idole,
J'aille de son poignard orner le capitole!

TULLIE.

Auriez-vous prétendu qu'à vos ordres soumis,
Cicéron à vos coups dût livrer ses amis;
Que, de vos cruautés spectateur immobile,
Son cœur désespéré vous laisseroit tranquille?

OCTAVE.

D'autres soins le devroient occuper aujourd'hui :
Antoine, avec fureur soulevé contre lui,
Me demande à grands cris le sang de votre pere.
Notre hymen peut sauver une tête si chere;
Quoique d'un triumvir tout soit à redouter,
A peine sur ce point on daigne m'écouter :
Le péril cependant redouble, et le temps presse;
Au sort de Cicéron Rome qui s'intéresse,
Sans doute avec plaisir verroit notre union
Le terme spécieux de la proscription.
Devenez de la paix le lien et le gage;
C'est l'unique moyen de dissiper l'orage.
Je vois ce qui vous flatte en ce cruel instant,
C'est le frivole honneur d'un refus éclatant :

Mais ne présumez pas que je me détermine
A me priver du rang que le ciel me destine;
Si je m'en dépouillois, ce seroit me livrer
Au premier assassin qui voudroit s'illustrer.

TULLIE.

Après ce fier aveu, je crois, pour vous confondre,
N'avoir à votre amour que deux mots à répondre :
Je ne vous aime point; j'aimerois mieux la mort
Que de me voir un jour unie à votre sort :
Cependant si César veut déposer l'empire,
A son fatal hymen je suis prête à souscrire;
Dût mon cœur indigné n'y consentir jamais,
Je me sacrifirai pour le bien de la paix :
Mais si vous usurpez l'autorité suprême,
Vous pouvez de mon sang teindre le diadême :
Que ne peut ma mort seule en relever le prix,
Et sauver de vos coups tant d'illustres proscrits!

OCTAVE.

Ah! c'en est trop; songez, orgueilleuse Tullie,
Que c'est vous qui livrez votre pere à Fulvie.

SCENE VI.

TULLIE.

Barbare, que mon cœur ne peut trop dédaigner,
Nous saurons mieux mourir que tu ne sais régner.
Dieux cruels, épuisez sur moi votre colere,
Ou de son désespoir daignez sauver mon pere!
O Romains! que l'honneur de mériter ce nom
Coûte cher, si l'on veut imiter Cicéron!
Tout est perdu pour moi.

SCENE VII.

CLODOMIR, TULLIE.

CLODOMIR.

                Je vous cherchois, madame.
Quel trouble à mon aspect s'empare de votre ame!
Quoi! vous levez au ciel vos yeux baignés de pleurs!
N'ai-je donc pas assez éprouvé de malheurs?
Les premiers n'ont que trop exercé ma constance:
Ah, Tullie! autrefois ma plus chere espérance,
Pardonnez à mon cœur quelques transports jaloux;
L'heureux César va-t-il devenir votre époux?

TULLIE.

Eh! plût au ciel n'avoir d'autre malheur à craindre!
Vous et moi nous serions peut-être moins à plaindre;
Offrez à ma douleur de plus dignes objets.
Accablé de ses maux, consumé de regrets,
Mon pere avant sa mort veut que notre hyménée
Éclaire de ses feux cette horrible journée.
Eh! que lui servira d'unir des malheureux
Menacés comme lui du sort le plus affreux?
Quel temps a-t-on choisi pour me faire connoître
Un époux qui n'aura qu'un seul moment à l'être?
Sextus, mon cher Sextus, renoncez à ma main;
Ce n'est pas moi qui dois borner votre destin.
Lorsque j'ai desiré que vous fussiez Pompée,
Hélas! qu'en ce souhait mon ame s'est trompée!
A peine mon amour voit combler ce desir
Que je perds à la fois Sextus et Clodomir.
Pourquoi de votre nom m'a-t-on fait un mystere?

SEXTUS.

J'ai cru devoir moi-même y forcer votre pere;
Je craignois de jeter dans un cœur généreux
Trop d'effroi, s'il avoit à trembler pour nous deux:
D'ailleurs convenoit-il au fils du grand Pompée
De se montrer ici sans éclat, sans armée,
Lui qui ne prétendoit s'offrir à vos regards
Qu'en protecteur de Rome, et vainqueur des Césars?

ACTE II, SCENE VII.

Eh! que ne veut-on pas quand l'amour est extrême?
Clodomir desiroit d'être aimé pour lui-même:
Sextus sans votre amour pouvoit-il être heureux?
Mais en d'autres climats venez combler mes vœux.
Vous pleurez: depuis quand votre cœur intrépide
N'oppose-t-il au sort qu'un désespoir timide?
Je viens de rassembler quelques soldats épars,
Dispersés sous leurs chefs autour de ces remparts;
Vous les trouverez tous ardents à vous défendre:
Et si de la valeur le succès doit dépendre,
J'espere que la mienne y pourra concourir,
Ne dût-il m'en rester que l'honneur de mourir.
Dès que pour vous dans Rome il n'est plus d'espérance,
Allons de la Sicile implorer l'assistance.
Ma flotte nous attend, je regne sur les eaux:
Engageons votre pere à fuir sur mes vaisseaux;
Il est honteux pour lui de se laisser proscrire:
Vous avez sur son cœur un souverain empire,
Venez; faisons-lui voir qu'un glorieux retour
Peut le mettre en état de proscrire à son tour.
S'il veut m'accompagner, je réponds de sa vie;
Et l'amour couronné répondra de Tullie.

FIN DU SECOND ACTE.

ACTE TROISIEME.

SCENE PREMIERE.

CICERON, TULLIE, SEXTUS.

CICÉRON.

Héritier des vertus du plus grand des Romains,
Si digne de mémoire et des honneurs divins,
Adoré dans la paix, redouté dans la guerre,
Qui vit parer son char du globe de la terre,
Fils de Pompée enfin, à cet auguste nom
Vous daignez allier celui de Cicéron.
Je ne vous ceindrai point le front d'un diadême;
Je n'ai plus de trésor que cet autre moi-même :
O mon fils! puisse-t-il faire votre bonheur,
Et vous être aussi cher qu'il le fut à mon cœur!
Et vous, unique bien que le destin me laisse,
Délices de ma vie, espoir de ma vieillesse,
Qui n'avez plus pour dot que mon ame et mes pleurs,
Puissiez-vous n'hériter jamais de mes malheurs!

ACTE III, SCENE I.

Je veux avant ma mort que ma main vous unisse;
J'ai promis à Sextus ce tendre sacrifice:
Mais, après cet hymen qui va combler nos vœux,
Fuyez, éloignez-vous d'un pere malheureux;
Je ne veux plus vous voir dans une triste ville
Où les morts même ont peine à trouver un asile.
Approchez, mes enfants; venez, embrassez-moi;
Jurez-vous dans mon sein une constante foi;
De nos derniers adieux scellons une alliance
Que nous desirions tous avec impatience.
Que vois-je? on se refuse à mes embrassements!

TULLIE.

Qu'exigez-vous de nous dans ces cruels moments?
Quoi! lorsqu'avec bonté votre amour nous assemble,
Ne nous unissez-vous que pour mourir ensemble?
Et comment sans frémir pouvez-vous ordonner
A Sextus comme à moi de vous abandonner?
Quel nouveau désespoir contre nous vous anime?
De nos soins mutuels nous feriez-vous un crime?
C'est vous-même, seigneur, qui dans ce triste jour
Me faites malgré moi douter de votre amour.
Quoi! ce pere, l'objet de toute ma tendresse,
Qui me cherchoit encor, quoiqu'il me vît sans cesse,
Ce pere qui sembloit ne vivre que pour moi,
Ne pourra désormais me voir qu'avec effroi!
Quel transport imprévu de votre ame s'empare?

Apprenez-vous d'Octave à devenir barbare?
La flotte de Sextus nous attend tous au port:
Faites-vous sur vous-même un généreux effort;
C'est votre fille en pleurs, cette même Tullie
Du pere le plus tendre autrefois si chérie,
Qui, la mort dans le sein, vous demande à genoux
De ne lui point ravir ce qu'elle tient de vous:
Ma vie est dans vos mains, et ne tient qu'à la vôtre;
Daignez en ce moment nous suivre l'un et l'autre.
Ce lieu n'est point encore entouré de soldats
Qui puissent observer ou retenir vos pas;
Nous pouvons en secret gagner les bords du Tibre:
Mon pere, suivez-nous, puisque vous êtes libre,
Et que vous n'êtes pas au nombre des proscrits.

CICÉRON.

Ah! c'est moins par respect pour moi que par mépris.
Ne pouvant m'effrayer, Antoine m'humilie:
C'est pour flétrir mon nom que le cruel m'oublie.
Si sa main m'eût proscrit, l'univers auroit su
Que parmi ces héros du moins j'aurois vécu.
Pour braver mes tyrans je veux mourir dans Rome:
En implorant ses dieux c'est moi seul qu'elle nomme;
Je ne priverai point de mes derniers soupirs
Ce lieu qui fut l'objet de mes premiers desirs.
J'ai tant vécu pour moi, si peu pour ma patrie,
Que je veux dans son sein du moins finir ma vie:

Si je fuyois, César, qui me redoute encor,
A ses projets bientôt donneroit plus d'essor.
              SEXTUS.
Cessez de vous flatter d'une espérance vaine;
César aime Tullie, et craint peu votre haine.
Dans ses murs malheureux Rome va succomber;
Croyez-vous qu'avec elle il soit beau de tomber,
Lorsqu'en lui conservant un ami si fidele
Nous pouvons espérer de renaître avec elle?
N'avons-nous pas ailleurs des secours assurés,
La Sicile, Brutus, Rhodes, les conjurés?
              CICÉRON.
Qui? moi, mon fils, que j'aille, errant dans la Sicile,
Allumer le flambeau d'une guerre civile?
              SEXTUS.
Eh! comment pouvez-vous désormais l'éviter?
Ce n'est pas vous d'ailleurs qui l'allez susciter.
Il n'est point aujourd'hui de climat sur la terre
Qui puisse être à l'abri des fureurs de la guerre;
Traversez l'univers de l'un à l'autre bout,
Vous trouverez la guerre et des Romains par-tout,
Enfants infortunés d'une ville déserte,
Qui ne peut plus sentir vos soins, ni votre perte.
Pourquoi vous obstiner à mourir dans ses murs?
Donnons-lui des secours plus brillants et plus sûrs.
Croyez-vous qu'il sera pour vous plus honorable

D'être aux yeux de César traîné comme un coupable,
Pour servir de risée au soldat furieux,
Qui fera peu de cas d'un nom si glorieux?
Rome n'est plus qu'un spectre, une ombre en Italie,
Dont le corps tout entier est passé dans l'Asie :
C'est là que notre honneur nous appelle aujourd'hui ;
Rendons-nous à sa voix, et marchons avec lui.
Ce n'est pas le climat qui lui donna la vie,
C'est le cœur du Romain qui forme sa patrie.
Qui doit s'intéresser à Rome plus que moi?

(*il montre la statue de Pompée renversée.*)

Voyez ces monuments de douleur et d'effroi,
Ces marbres mutilés, dont le morne silence
N'en demande pas moins de sang pour leur vengeance ;
Il ne leur reste plus que le nom précieux
D'un héros que l'on vit marcher égal aux dieux :
Votre sort est écrit sous ce nom redoutable,
A tout mortel fameux exemple formidable ;
Et pour le prévenir vous n'avez qu'à vouloir.
La honte suit toujours un lâche désespoir ;
Il vaut mieux se flatter d'un espoir téméraire,
Que de céder au sort dès qu'il nous est contraire ;
Il faut du moins mourir les armes à la main,
Le seul genre de mort digne d'un vrai Romain ;
Mais mourir pour mourir n'est qu'une folle ivresse,
Triste enfant de l'orgueil, nourri par la paresse.

ACTE III, SCENE I.

Ranimez-vous, mon pere, et soyez plus jaloux
De la haute vertu que j'admirois en vous.

CICÉRON.

S'il est vrai que Sextus la respecte et l'admire,
Qu'il regle donc ses soins sur ceux qu'elle m'inspire.

SEXTUS.

C'est-à-dire, seigneur, que pour vous imiter
Il faut mourir ensemble, et ne nous point quitter.

CICÉRON.

Ah, Sextus! quoi! c'est vous qui voulez que je fuie!
Non, ne vous flattez pas que je passe en Asie;
Ni que, des conjurés empruntant le secours,
De mes jours malheureux j'aille flétrir le cours:
Rien ne peut m'engager à quitter l'Italie;
Cependant je suis prêt, pour contenter Tullie,
A sortir avec vous de ce triste palais:
La nuit, à Tusculum nous nous joindrons après;
Au bois le plus prochain ma fille ira m'attendre:
Dans deux heures, Sextus, ayez soin de vous rendre
Avec quelques soldats au pont Supplicien.
Le temps ne permet pas un plus long entretien;
Adieu: mais avant tout je veux revoir Mécene.

SCENE II.

TULLIE, SEXTUS.

TULLIE.

Ah, Sextus! notre fuite est encore incertaine;
Mécene à Cicéron fera changer d'avis,
Et les plus généreux ne seront pas suivis.
On vient: éloignez-vous; c'est César qui s'avance.

SEXTUS.

Il seroit dangereux d'éviter sa présence:
Le tyran nous a vus; je me rendrois suspect
Si je disparoissois à son premier aspect:
Il croit que sur ses bords la Seine m'a vu naître;
Et d'ailleurs je crains peu César, quel qu'il puisse être.

SCENE III.

OCTAVE, SEXTUS, TULLIE.

OCTAVE.

Je cherchois Cicéron; je veux encor le voir,
Quoique sa dureté me laisse peu d'espoir.
Mais que fait près de vous ce Gaulois, dont l'audace
Semble vouloir ici me disputer la place?

ACTE III, SCÈNE III.

TULLIE.

Quel rang près de Tullie auriez-vous prétendu
Pour croire qu'à tout autre il seroit défendu?

OCTAVE.

En des lieux où je crois pouvoir parler en maître,
Sans mes ordres exprès on ne doit point paroître,
Et sur-tout un Gaulois : qu'il retourne en son camp;
C'est parmi ses soldats qu'il trouvera son rang.

SEXTUS.

Depuis quand sommes-nous sous ton obéissance,
Pour oser me parler avec tant d'arrogance?
Le sort de mes pareils ne dépend point de toi;
Je ne releve ici que des dieux et de moi.
Aux lois du grand César nous rendîmes hommage,
Mais ce ne fut jamais à titre d'esclavage :
Comme de la valeur il connoissoit le prix,
Il estimoit en nous ce qui manque à son fils.
Sans le fer des Gaulois le César qui me brave
Eût vu borner sa gloire au simple nom d'Octave.

OCTAVE.

Qu'entends-je? holà, licteurs!

TULLIE.

César, modere-toi;
Apprends que ce guerrier est ici sur ma foi,
Sur celle des Romains, dont tu n'es pas le maître,
Malgré tous les projets que tu formes pour l'être.

Si tu te plains de lui, pourquoi l'outrageois-tu?
Penses-tu n'outrager que des cœurs sans vertu?
S'il te faut des garants, je réponds de la sienne;
Commence à nous donner des preuves de la tienne.
Si de l'humanité tu méconnois la voix,
Des peuples alliés respecte au moins les droits;
Sois humain, généreux, et cesse de proscrire,
Si tu veux sur les cœurs t'établir un empire.
L'art de se faire aimer, et celui de régner,
Sont deux arts que ton pere auroit dû t'enseigner:
Mais en vain tu prétends livrer à ta vengeance
Un guerrier qui n'est point soumis à ta puissance;
Jusqu'au dernier soupir je défendrai ses jours.

OCTAVE.

Ingrate, qui des miens voulez trancher le cours,
Et de mes ennemis me rendre la victime,
Vous justifiez trop le courroux qui m'anime.
Ce n'est pas d'aujourd'hui que cet audacieux,
Qui veut ne relever que de vous et des dieux,
Dans ses divers complots plus ardent que vous-même,
Brave des triumvirs l'autorité suprême :
Je sais qu'il a sauvé Messala, Métellus,
Lucilius, Pison, les fils de Lentulus;
Mais, malgré son orgueil, je lui ferai connoître
Que je puis à mes lois l'immoler comme un traître.

SEXTUS.

En sauvant tes proscrits j'ai fait ce que j'ai dû :
Ton pere en pareil cas eût loué ma vertu ;
Toi-même, applaudissant à mes soins magnanimes,
Tu devrois me louer de t'épargner des crimes,
Et rougir, quand tu crois être au-dessus de moi,
Qu'un Gaulois à tes yeux soit plus Romain que toi.
Viole nos traités, punis-moi d'aimer Rome,
Et d'oser de nous deux être le plus grand homme.

OCTAVE.

Téméraire étranger, tu m'apprends mon devoir ;
Et ta mort...

TULLIE.

   Si ma voix est sur toi sans pouvoir,
De ce rival des dieux interroge l'image ;
 (*elle lui montre la statue de César.*)
Que sa clémence au moins devienne ton partage :
Du grand nom de César si tu veux hériter,
Dans ses soins vertueux commence à l'imiter.
Épargne ce guerrier, je demande sa vie :
Ose me refuser.

OCTAVE.

   Imprudente Tullie,
Qui voulez de régner me donner des leçons,
Que ne me donnez-vous de plus nobles soupçons ?

De la vertu du moins empruntez le langage.
J'aurois trop à rougir d'en dire davantage;
Mais je ne crois pouvoir mieux vous humilier
Qu'en vous abandonnant le soin de ce guerrier,
Que je crois en effet plus digne de clémence
Qu'il ne se croit encor digne de ma vengeance.
Adieu.

    (*aux licteurs.*)
Vous, suivez-moi.

SCENE IV.

SEXTUS, TULLIE.

TULLIE.

    Sextus, qu'avez-vous fait?

SEXTUS.

Trop peu pour mon courroux, puisqu'il est sans effet.
Tout César n'est ici qu'un objet de colere.
Héritier de l'ingrat qui détruisit mon pere,
Octave n'est pour moi qu'un rival odieux
Dont l'orgueilleux mépris m'a rendu furieux :
Tenté plus d'une fois d'en punir l'insolence...
Qu'il rende de ses jours grace à votre présence.

TULLIE.

Sextus, ce fier rival n'en est pas un pour vous;

Un amant méprisé ne fait point de jaloux :
Mais un grand cœur doit-il céder sans espérance
Aux dangereux appas d'une aveugle vengeance?
Ah! quand même à César on donneroit la mort,
Son trépas seul peut-il relever votre sort?
Tout vous promet ailleurs de hautes destinées,
Qui sans gloire en ces lieux se verroient terminées.
Fuyons, mon cher Sextus; fuir n'est un déshonneur
Que pour ceux dont on peut soupçonner la valeur;
Fuyons, loin de tenter des efforts inutiles.
Tandis qu'en ce palais on nous laisse tranquilles,
Allons, sans plus tarder, rejoindre Cicéron.
La vertu de Mécene, exempte de soupçon,
Ne nous en doit pas moins alarmer sur son zele.
Je vois, sur son départ, que mon pere chancele.
Courons le raffermir : Octave est violent;
Pour nous perdre tous trois il ne faut qu'un moment.

SEXTUS.

Ah! ne redoutez rien; je connois la prudence
De ce nouveau tyran peu sûr de sa puissance.
Comme il me croit Gaulois, et qu'il a besoin d'eux,
Il craint trop d'irriter ces peuples dangereux.

SCENE V.

PHILIPPE, SEXTUS, TULLIE.

TULLIE.

Jugez de ses frayeurs à l'objet qui s'avance;
C'est l'affranchi chargé du soin de sa vengeance,
Qui vient vous immoler, ou s'assurer de vous.
Ah, Sextus! laissez-moi m'offrir seule à ses coups.

SEXTUS.

Vous exposer pour moi, c'est m'outrager, Tullie.
M'enviez-vous l'honneur de défendre ma vie?
  (*à Philippe.*)
Approche, digne chef des infâmes humains
Que César entretient pour ses lâches desseins.

PHILIPPE, *à part.*

Quel trouble dans mon cœur éleve sa présence!
O mes yeux! contemplez: voilà sa ressemblance,
Le port majestueux de cet homme divin,
Qui, tout percé de coups, vint mourir sur mon sein.
Hélas! si c'étoit lui... Mais puis-je méconnoître
Et les traits et la voix de mon auguste maître?
Quelle horreur en ces lieux regne de toutes parts!
Dieux! quel spectacle affreux vient frapper mes regards!

(*il s'appuie sur les débris de la statue de*
Pompée.)

Chers débris, monuments de la fureur d'Octave,
Arrosez-vous des pleurs d'un malheureux esclave;
Ou plutôt revivez, triste objet de mes vœux,
Et venez recevoir l'ame d'un malheureux.
Je me meurs.

TULLIE.

Que dit-il? et qu'est-ce qui l'arrête?

SEXTUS.

Avance : à m'immoler ta main est-elle prête?
Que vois-je! quel mortel se présente à mes yeux!
Grands dieux, n'est-il donc plus de vertus sous les cieux!
L'erreur qui me flattoit malgré moi se dissipe.
Qui m'eût dit qu'à regret je reverrois Philippe?
Ce fidele affranchi du plus grand des mortels,
Qui sembloit avec lui partager ses autels;
Que ses derniers soupirs avoient couvert de gloire;
Ce Philippe, autrefois si cher à ma mémoire,
Qui sut de la vertu m'aplanir les chemins,
Philippe est devenu chef de mes assassins.
Tu pleures, cœur ingrat! que de torrents de larmes
Il faudroit pour laver tes parricides armes!
Va, comble tes forfaits : si tes barbares mains
N'ont point assez trempé dans le sang des Romains,

Viens, cruel, dans le mien ennoblir ton épée;
Plonge-la dans le sein du malheureux Pompée.

PHILIPPE.

Ah, Sextus!

SEXTUS.

Serois-tu capable d'un remords?

PHILIPPE.

Écoutez-moi, mon maître, ou me donnez la mort.
Daignez vous rappeler l'histoire de ma vie;
D'aucun crime jamais elle ne fut flétrie.

SEXTUS.

Leve-toi.

PHILIPPE.

Non, seigneur, souffrez qu'à vos genoux,
Avant que de mourir, je m'explique avec vous.

SEXTUS.

Leve-toi.

PHILIPPE.

Se peut-il que mon illustre éleve
Contre un infortuné s'indigne et se souleve?
A-t-il pu soupçonner un cœur tel que le mien
De vouloir enfoncer un poignard dans le sien?

(*il montre la statue de Pompée.*)

Hélas! depuis la mort de ce maître adorable
Je n'ai fait que gémir de son sort déplorable.
Octave, prévenu que j'avois mérité

ACTE III, SCENE V.

Qu'un maître pût compter sur ma fidélité,
Me prévint, et bientôt m'accorda son estime.
On sait que ce tyran s'est fait une maxime
D'attacher à son sort les hommes généreux
Qui par quelques vertus se sont rendus fameux.
C'est ainsi que j'ai su gagner sa confiance :
Mais, dans l'art de tromper imitant sa science,
Philippe n'a jamais trempé dans ses forfaits,
Et Rome n'a de moi reçu que des bienfaits.
Mais c'est par d'autres soins qu'un esclave fidele
Doit vous justifier son amour et son zele.
Octave ne croit plus que vous soyez Gaulois :
Votre noble fierté, les accents de la voix,
Vos soins pour les proscrits échappés vers Ostie,
Et l'ardeur que pour vous fait éclater Tullie,
Alarment à tel point ce cœur né soupçonneux,
Qu'il voudroit vous pouvoir sacrifier tous deux ;
Et, sans bien pénétrer quelle est votre origine,
Il veut que cette nuit ma main vous assassine,
Sans croire cependant que vous soyez Sextus :
Mais il vous croit du moins un ami de Brutus.
Il vient de me quitter pour passer chez Fulvie ;
Je crains qu'à Cicéron il n'en coûte la vie.
Les moments vous sont chers ; et c'est fait de vos jours,
Si de ceux du tyran je n'abrege le cours.
Pour sauver l'un de vous il faut immoler l'autre :

Choisissez du trépas de César ou du vôtre.
Rien n'est sacré pour moi dès qu'il s'agit de vous.

SEXTUS.

L'assassinat, Philippe, est indigne de nous.
Avant que d'éclater, tu pouvois l'entreprendre ;
Mais, instruit du projet, je dois te le défendre.
Je m'en ferois un crime après l'avoir appris,
Et l'on t'eût pardonné de l'avoir entrepris.

PHILIPPE.

On ne peut trop louer un soin si magnanime :
Mais je vois d'un autre œil l'autel et la victime.
Le destin n'a point mis des sentiments égaux
Dans l'ame de l'esclave et celle du héros.
Mon devoir le plus saint, c'est de sauver mon maître :
Qui, d'Octave ou de vous, aujourd'hui le doit être ?
César ne fut jamais ni mon dieu ni mon roi ;
Et le plus fier tyran n'est qu'un homme pour moi.
Si, pour vous soutenir, une égale fortune
Rendoit entre vous deux la puissance commune,
Et que de l'immoler vous eussiez le dessein,
Sextus pourroit ailleurs chercher un assassin :
Mais s'armer du poignard qu'un lâche nous destine,
Ce n'est que le punir alors qu'on l'assassine.
Se laisser prévenir est moins une vertu
Que l'imbécillité d'un courage abattu.
Il ne vous reste plus qu'une fuite douteuse ;

Pour le fils de Pompée elle seroit honteuse.
Bientôt de toutes parts vous serez observé;
Prévenez donc le coup qui vous est réservé.

TULLIE.

Rejetez les conseils que Philippe vous donne;
Mais fuyons, puisqu'ainsi votre honneur nous l'ordonne.
Allons trouver mon pere, et remettons aux dieux
Le soin de nous sauver de ces funestes lieux.

PHILIPPE.

Moi, je vais retrouver César : daignez attendre
Que je sois en état du moins de vous défendre.
Vous verrez, si mon bras ne peut vous secourir,
Que Philippe avec vous est digne de mourir.

FIN DU TROISIEME ACTE.

ACTE QUATRIEME.

SCENE PREMIERE.

CICÉRON.

Orgueilleux monuments d'une grandeur passée,
Qui par celle des dieux n'étoit point effacée ;
Et vous, marbres sacrés de nos premiers aïeux,
Qui faisiez l'ornement de ces superbes lieux,
En vain, de vos travaux célébrant la mémoire,
Rome a cru de vos noms éterniser la gloire ;
Bientôt vous ne serez qu'un horrible débris,
Et de nouveaux objets de larmes et de cris.
Déja les rejetons de vos tiges fameuses,
D'Antoine et de César victimes malheureuses,
N'offrent plus à nos yeux qu'un mélange confus
De morts et de mourants dans la fange étendus.
(il jette les yeux sur le tableau des proscriptions,
et il y voit son nom.)
Mais, parmi tant d'horreurs, quelle gloire imprévue

ACTE IV, SCENE I.

Vient ranimer mon cœur et briller à ma vue?
Mon nom ne sera plus étouffé dans l'oubli,
Et dans ses dignités le voilà rétabli.
Enfin je suis proscrit : que mon ame est ravie!
Je renais au moment qu'on m'arrache la vie.
Héros infortunés, souffrez que ce tableau
Me serve, ainsi qu'à vous, de trône et de tombeau.
Je mourrai dans ton sein, ô ma chere patrie!
Eh! que ne peut mon sang épuiser la furie
Des cruels triumvirs qui s'abreuvent du tien!
Qu'avec plaisir pour toi j'aurois donné le mien!
Au milieu des tourments je serois mort tranquille ;
Je vivois pour toi seule, et je meurs inutile.
Quelqu'un vient.

SCENE II.

MÉCENE, CICÉRON.

CICÉRON.

C'en est fait; voici l'heureux instant
Qui va livrer ma tête au glaive qui l'attend.
Mais je l'espere en vain ; c'est le sage Mécene,
Qu'une pitié cruelle en tremblant me ramene,
Et qui me croit peut-être accablé de douleur
A l'aspect du seul bien qui peut toucher mon cœur.

MÉCENE.

Malgré les soins divers dont vous étiez la proie,
Je lis dans vos regards une secrete joie
Qui dissipe ma crainte et flatte mon espoir.
César l'augmente encor, dès qu'il veut vous revoir.
Ah, Cicéron! souffrez que je vous concilie.
Pour triompher d'Antoine, et pour braver Fulvie,
Accordez votre fille aux soins officieux
D'un ami qui voudroit pouvoir l'unir aux dieux;
Renoncez à l'orgueil de ces vertus austeres
Qu'en des temps moins cruels se prescrivoient nos peres.
Ce n'est qu'en se pliant à la nécessité
Que l'on peut des tyrans tromper l'autorité.
Un torrent n'a jamais causé plus de ravage
Que lorsqu'à son courant on ferme le passage;
Laissez-le s'écouler, et nous donnez la paix :
Couronnez par ce don tous vos autres bienfaits.

CICÉRON.

César vous auroit-il chargé de la conclure,
Rebuté d'outrager les dieux et la nature?
Moins pressé de la soif de grossir ses trésors,
Vous auroit-il promis de respecter les morts,
De ne point dépouiller leurs enfants et leurs femmes
Des biens que ce cruel prodigue à des infames?
Ignorez-vous encor que des édits nouveaux
Ordonnent de fouiller jusque dans les tombeaux;

Que son avidité, par des lois inhumaines,
Impose des tributs jusqu'aux dames romaines?
Vous fait-il espérer que de notre union
L'instant sera la fin de la proscription?

MÉCÈNE.

C'est pour vous que d'hier César l'a suspendue.

CICÉRON.

Hé bien! sur ce tableau daignez jeter la vue.
(il lui montre le tableau de la proscription.)
Pour me mieux distinguer, c'est mon funeste nom
Qui seul en fait le prix.

MÉCÈNE.

Dieux! quelle trahison!
César auroit dicté cet arrêt sanguinaire!
Mais non; je reconnois la main du téméraire
Qui seul aura tracé cet horrible décret:
Eh! quel autre qu'Antoine eût commis ce forfait?
César jusqu'à ce point eût-il flétri sa gloire?
Si je l'en soupçonnois, ou si j'osois le croire,
Loin de tenter encor de le justifier,
Je serois le premier à le sacrifier.
S'il est vrai que César ait voulu vous proscrire,
Sur ce même tableau je vais me faire inscrire.
Adieu: si je ne puis vous sauver de ses coups,
Vous me verrez combattre et mourir avec vous.

SCENE III.

CICÉRON.

Eh! qu'importe à César que nous mourions ensemble,
Et qu'un même supplice aux enfers nous rassemble?
Que je plains ton erreur, aveugle courtisan,
Si tu crois par ta mort attendrir un tyran!

SCENE IV.

CICÉRON, OCTAVE.

CICÉRON.

Je le vois: terminons ma course infortunée
Par l'emploi que m'avoit commis ma destinée.
Parlons: fassent les dieux que mes derniers accents
Ne se réduisent point à des cris impuissants!

OCTAVE.

Cicéron en ces lieux n'a-t-il point vu Mécene?

CICÉRON.

Je ne l'ai que trop vu pour accroître ma peine.
Mais sur un autre point, César, écoute-moi;
C'est l'unique faveur que j'exige de toi.
Je vois avec pitié que ta rigueur extrême

ACTE IV, SCENE IV.

Attirera bientôt la foudre sur toi-même.
Si pour nous accabler de maux et de douleurs
La terre a ses tyrans, le ciel a ses vengeurs.
Crains, malgré ton pouvoir, que quelque main hardie
Ne te punisse un jour de tant de barbarie.
Quels monstres ont jamais immolé des enfants?
Peut-on trop respecter ces êtres innocents?
Hélas! de tes fureurs victimes lamentables,
Leurs meres ne sont pas pour toi plus redoutables;
Et cependant tu veux les priver de leurs biens:
César leur eût plutôt prodigué tous les siens.
C'étoit par des bienfaits qu'il vengeoit une injure;
Son fils, pour se venger, détruiroit la nature.
Est-ce ainsi que tu veux succéder à César,
Ce héros qui traînoit tous les cœurs à son char?
Imite sa bonté; crois-moi, fais-nous connoître
Que tu peux l'égaler, le surpasser peut-être.

OCTAVE.

Et pourquoi n'imputer qu'à moi seul ces décrets
Dont Rome a ressenti de si cruels effets?
Antoine est-il pour eux un dieu plus favorable?

CICÉRON.

Eh! qui pourroit fléchir ce tigre inexorable,
Dans l'ivresse, l'orgueil, et le luxe allaité,
Monstre, que le destin n'a que trop bien traité,
Et qui, pour ton malheur, nourri dans le carnage,

N'a pour toute vertu qu'une valeur sauvage?
César, dès qu'il s'agit d'avoir recours aux dieux,
Qui, d'Antoine ou de toi, leur ressemble le mieux?
Le ciel de ses bienfaits t'enrichit sans mesure;
Respecte les faveurs que te fit la nature.
Que n'as-tu pas reçu de sa prodigue main?
Tous les dons d'un génie au-dessus de l'humain.
Lorsqu'il ne tient qu'à toi d'être adoré dans Rome,
Te sied-il d'être Antoine, ou de n'être qu'un homme?
Sois César, sois un dieu; tu le peux, tu le dois :
Trop heureux que le sort te laisse un si beau choix!

OCTAVE.

Tu n'auras pas en vain recours à ma clémence,
Ni d'un sexe timide embrassé la défense.
Je souscris à tes soins; je veux, en ta faveur,
Abolir ces décrets qui te font tant d'horreur.
Au sort des malheureux une ame si sensible
Pour moi seul aujourd'hui sera-t-elle inflexible?
Je viens sur ta fierté faire un dernier effort.
Qu'avec mon amitié la tienne soit d'accord.
Je ne refuse rien, lorsque ta voix m'implore :
Laisse-moi triompher du fiel qui te dévore;
Réunissons deux cœurs divisés trop long-temps
Pour des cœurs vertueux, j'ose dire aussi grands.

CICÉRON.

Octave, tu me fis admirer ton enfance:

J'attendois encor plus de ton adolescence;
Tu m'as trompé. Les cœurs remplis d'ambition
Sont sans foi, sans honneur, et sans affection :
Occupés seulement de l'objet qui les guide,
Ils n'ont de l'amitié que le masque perfide;
Prodigues de serments, avares des effets,
Le poison est caché même sous leurs bienfaits.
La gloire d'un grand homme est pour eux un supplice,
Et pour lui, tôt ou tard, devient un précipice.
Je n'espere plus rien, et je crains encor moins.
Garde pour tes amis tes bontés et tes soins;
Pour en être il faudroit aimer la tyrannie.

OCTAVE.

Déchire le bandeau d'une aveugle manie,
Erreur dont ton orgueil s'est laissé prévenir,
Et rougis des discours que tu m'oses tenir.
Que peut me reprocher ton injuste colere?
Qu'ai-je fait qu'avant moi n'eût fait ici mon pere?
N'obéissoit-on pas lorsque César vivoit?

CICÉRON.

Sois seulement son ombre, et je suis ton sujet.
Du bonheur des humains sage dépositaire,
En faisant toujours bien, ne songe qu'à mieux faire.
Sois clément, vertueux, et rétablis les lois,
Je serai le premier à te donner ma voix;
Mais, tant que je verrai des tigres en furie

Déchirer les enfants de ma triste patrie,
Je ferai de mes cris retentir l'univers,
Et je les porterai jusque dans les enfers.

OCTAVE.

Pour me livrer la guerre avec plus d'assurances,
Des hommes et des temps pese les circonstances.
Mon pere n'eut jamais que sa gloire à venger,
Ainsi César pouvoit pardonner sans danger;
Pour un autre César il n'eut point à proscrire.
Qui d'ailleurs eût osé lui disputer l'empire?
Je ne suis entouré que de vils sénateurs,
Opprobre des humains, lâches perturbateurs,
Que se fût immolé la justice ordinaire,
Dont Brutus a voulu lui-même se défaire,
Et que ce meurtrier n'a laissé dans ces lieux
Que pour m'assassiner, ou me rendre odieux:
Car de mes ennemis l'indigne politique
Ne tend qu'à me charger de la haine publique.
Mais en de vains discours c'est trop nous engager :
Je ne suis pas venu pour me faire juger.
Pour la derniere fois je demande Tullie.

CICÉRON.

Faut-il que jusque-là ta grandeur s'humilie?
D'un amour simulé laissons là les attraits :
Va, je t'ai pénétré plus que tu ne voudrois.
Les doux liens du cœur, étrangers dans ton ame,

ACTE IV, SCENE IV.

Ne triompheront point de l'ardeur qui t'enflamme;
C'est la soif de régner ; voilà ce que tu veux :
Mais, comme il faut voiler ce projet dangereux,
Tu veux en imposer par l'hymen de Tullie;
Faire croire aux Romains, puisqu'à toi je m'allie,
Que j'épouse à mon tour ta haine et ta fureur
En faveur d'un hymen qui me comble d'honneur;
Si je t'ouvre un chemin à la grandeur suprême,
Que je l'aplanis moins pour toi que pour moi-même;
Et qu'enfin c'est moi seul qui dicte tes arrêts :
Prétexte précieux pour m'immoler après *.

OCTAVE.

Si j'avois de te perdre une secrete envie,
Qui pourroit m'engager à retenir Fulvie?
Imprudent orateur, songe que ton orgueil
A de tes intérêts toujours été l'écueil.
S'il me faut pour régner l'appui d'une famille,
Qu'ai-je besoin, dis-moi, de toi ni de ta fille?
Ingrat, si tu jouis de la clarté du jour,
Apprends que tu ne dois ce bien qu'à mon amour.
Vois ton nom.

CICÉRON.

Je l'ai vu, César; je t'en rends grace.

---

* Prétexte spécieux de m'immoler après.

Ce vers est celui du manuscrit de la comédie françoise.

Mais il ne s'agit pas du sort qui me menace,
Il s'agit des Romains. Pour la derniere fois
D'un ami malheureux daigne écouter la voix.

OCTAVE.

Je n'écoute plus rien d'un ami si perfide.
Ce n'est pas l'intérêt de Rome qui te guide;
Ce fameux Clodomir, ce rival odieux,
Qu'avec tant de secret tu cachois en ces lieux,
Injurieux objet d'une lâche tendresse,
Est le seul où ton cœur aujourd'hui s'intéresse :
C'est l'amant de Tullie; ose me le nier.

CICÉRON.

Je ne chercherai pas à m'en justifier.
Pourquoi de ce rival te ferois-je un mystere?
A-t-il trempé ses mains dans le sang de ton pere?
Ou, si c'est un forfait que d'aimer les Romains,
Implacable tyran, détruis tous les humains.
C'est dans la cruauté que brille ton courage.

OCTAVE.

Ah! c'est pousser trop loin le mépris et l'outrage.
Adieu: je t'abandonne à mon inimitié.

CICÉRON.

Va, fuis; je l'aime mieux encor que ta pitié.
Celle de tes pareils à la fois déshonore
Et celui qu'elle épargne et celui qui l'implore.

SCENE V.

CICÉRON.

Mais que sont devenus mes enfants malheureux,
Depuis l'instant fatal qui m'a séparé d'eux?
Ma fille dans sa fuite a-t-elle été surprise,
Ou Sextus auroit-il manqué son entreprise?
Hélas! de Tusculum s'ils ont pris le chemin,
Dans mes tristes foyers ils m'attendront en vain;
Je ne reverrai plus ce couple que j'adore.
Eh! puis-je desirer de les revoir encore?
J'obtiens le seul honneur que j'avois souhaité;
Et du moins je pourrai mourir en liberté...

SCENE VI.

CICÉRON, SEXTUS, TULLIE.

CICÉRON.

Mais je vois mes enfants! Chers témoins de ma joie,
C'est pour la partager que le ciel vous envoie.
Le destin va bientôt terminer mes malheurs,
Et mon sort est trop beau pour mériter des pleurs.
Viens, ma fille, jouis des honneurs de ton pere:

Vois, lis sur ce tableau la fin de ma misere.
Sextus, vous m'avez vu le front humilié
Que, parmi ces grands noms, le mien fût oublié.
Je me plaignois à tort des mépris d'un barbare,
Pardonnons-lui tous deux un affront qu'il répare.

TULLIE.

Seigneur, est-ce donc là ce destin glorieux,
Qui doit être pour nous si grand, si précieux?
Mourir dans les tourments, victime de Fulvie,
C'est mourir dans l'opprobre et dans l'ignominie.
Eh! comment, sans rougir d'un si cruel transport,
Pouvez-vous avec joie annoncer votre mort?
Changerez-vous toujours d'avis et de conduite?
Un grand cœur doit avoir plus d'ordre et plus de suite.
A peine vous formez un généreux dessein,
Qu'à l'instant même il est banni de votre sein.
A l'amour paternel un faux honneur succede;
Et, plus le mal est grand, plus on fuit le remede.
César ne vous a point encore abandonné.
Si nous mourons, c'est vous qui l'aurez ordonné.
Vous le savez, la mort n'a rien qui m'épouvante;
Des cœurs infortunés c'est la plus douce attente.
Ce qui me fait gémir, c'est de voir votre cœur
S'honorer d'un trépas qui n'est qu'un déshonneur.
Mais de ce même fer dont l'amour de Tullie
S'est armé pour défendre une si belle vie,

Si vous vous obstinez à rester en ces lieux,
Je saurai, malgré vous, m'immoler à vos yeux.
####### CICÉRON.
Ah, ma fille! étouffez ce transport téméraire.
####### SEXTUS.
Mon pere, il vous apprend ce que vous devez faire.
Se peut-il qu'un grand cœur se montre si jaloux
Des honneurs qu'un esclave obtiendroit comme vous?
Quel misérable orgueil pour une ame romaine!
Ah! loin de nous vanter une vertu si vaine,
Rougissez de vous voir proscrit sur ce tableau.
C'est dans le ciel qu'il faut inscrire un nom si beau.
Des plus nobles proscrits je viens d'armer l'élite;
C'est à mourir entre eux que l'honneur nous invite.
Laisserez-vous périr ces guerriers généreux
Qui s'exposent pour vous au sort le plus affreux?
Un Romain, tant qu'il veut, peut rétablir sa gloire;
C'est en cherchant la mort qu'il trouve la victoire.
Lorsqu'il faut terminer ses déplorables jours,
Est-ce au fer des bourreaux qu'il faut avoir recours?
####### CICÉRON.
Ah! je n'aspire point aux honneurs de la guerre;
Le ciel ne m'a point fait pour désoler la terre,
Ni pour briller dans l'art des travaux meurtriers.
Ainsi que ses vertus, chacun a ses lauriers.
Et que peut m'importer, dès qu'il faut que je meure,

Quelle main me viendra marquer ma derniere heure?
Lorsqu'on ne peut plus vivre, il faut savoir mourir,
Et se rendre, quand rien ne peut nous secourir.
A quoi me servira votre valeur suprême,
Plus terrible cent fois pour moi que la mort même?
Tullie est un héros au-dessus du trépas,
Qui viendra s'élancer à travers les soldats.
Voulez-vous qu'à mes yeux on égorge ma fille,
Et l'héritier qui peut relever ma famille?
Et comment osez-vous hasarder nos amis,
Dès que le moindre espoir ne nous est plus permis?
Dans l'ardeur de tenter une vaine défense,
Les ferez-vous périr pour toute récompense?

SEXTUS.

Hé bien! si rien ne peut nous sauver de la mort,
Nous mourrons tous du moins dignes d'un meilleur sort.

CICÉRON.

C'est parler en soldat, dont l'ardente manie
Méprise également et la mort et la vie.
Je suis pere, et je dois mieux penser qu'un amant
Qui ne consulte plus que son emportement.
On n'en veut qu'à moi seul en ce moment funeste;
Faut-il imprudemment sacrifier le reste?
Mon sang apaisera la fureur des tyrans:
Ah! laissez-lui l'honneur de sauver mes enfants.
Calmez les fiers transports de ce cœur indomtable;

Ma mort est désormais un mal inévitable.
Ma fille, qui n'a plus d'autre soutien que vous,
Aura-t-elle à pleurer son pere et son époux?
Adieu, mon cher Sextus; adieu, chere Tullie:
Pour m'aimer plus long-temps conservez votre vie.
On vient. Ah! c'en est fait: dieux! quel moment affreux!
Hélas! pour ma défense ils se perdront tous deux.

SCENE VII.

CICÉRON, SEXTUS, TULLIE, PHILIPPE.

PHILIPPE, *à Sextus.*

Vos amis assemblés sous diverses cohortes,
Pour vous accompagner, sont déja loin des portes.
   (*à Tullie.*)
Madame, en ce moment, daignez suivre ses pas.
Du sort de Cicéron ne vous alarmez pas.
Octave, qui ne veut que semer l'épouvante,
A cru, pour ébranler votre ame trop constante,
Devoir ranger son nom au nombre des proscrits;
Mais, malgré le courroux dont son cœur est épris,
Il ne peut consentir à livrer votre pere:
Ainsi ne craignez rien de sa feinte colere.
   (*à Cicéron.*)
Loin de vouloir, seigneur, en terminer le cours,

Il vient de m'ordonner de veiller sur vos jours :
Marchons à Tusculum, tandis qu'avec Tullie
Sextus ira se rendre au rivage d'Ostie.

CICÉRON.

Adieu, triste témoin de mes vœux superflus,
Palais infortuné, je ne vous verrai plus.

FIN DU QUATRIEME ACTE.

ACTE CINQUIEME.

SCENE PREMIERE.

OCTAVE.

Je le connois enfin, ce rival trop heureux,
Que pour nous son seul nom rendoit si dangereux,
L'audacieux Sextus, que César, trop facile,
Laissa vivre, ou plutôt régner dans la Sicile,
Et dont il n'est sorti que dans le noir dessein
De me plonger peut-être un poignard dans le sein.
Le traître n'a que trop attenté sur ma vie
En séduisant le cœur de l'ingrate Tullie.
Que de soins différents m'agitent tour-à-tour !
Un peuple mutiné, l'ambition, l'amour.
Sont-ce donc là les biens que tu cherchois, Octave,
Et dont, pour ton honneur, tu n'es que trop esclave ?
Regne, puisque tu veux soumettre l'univers ;
Mais en l'en accablant partage moins ses fers.
Sextus, qui te bravoit, échappe à ta vengeance.

Avec une valeur égale à sa naissance,
Que n'ai-je point encore à redouter de lui?
Voilà ce qui me doit occuper aujourd'hui.
Sans être secouru que de sa seule épée,
Sextus, par ses exploits, fait revivre Pompée.
Nous le verrons un jour disputer avec nous
Un fardeau dont le poids ne paroît que trop doux.
Mais je saurai bientôt prévenir son attente*;
Immolons à la fois Sextus et son amante.
Heureusement Tullie est encor dans nos mains,
Et de Rome son pere a repris les chemins;
Bientôt Hérennius, qui devoit l'y conduire,
De son sort, quel qu'il soit, aura soin de m'instruire.
Mais Mécene paroît.

SCENE II.

OCTAVE, MÉCENE.

OCTAVE.

Cher ami, que mon cœur
Avoit besoin de toi pour calmer ma douleur!

---

* Mais ma fureur saura prévenir son attente,
Ou du moins pour jamais lui ravir son amante.

Ces vers se trouvent dans le manuscrit de la comédie françoise.

ACTE V, SCÉNE II.

Philippe m'a trahi : cet esclave infidele,
Que je croyois si sûr et si rempli de zele,
Par ses fausses vertus abusant mes esprits,
Étoit d'intelligence avec tous les proscrits ;
C'est lui qui les a tous sauvés de ma poursuite,
Et qui seul de Sextus a préparé la fuite.

MÉCENE.

Philippe n'a jamais mieux rempli son devoir
Qu'en trompant votre haine et votre fol espoir :
Et d'ailleurs devoit-il vous livrer son éleve?
A ce nom si chéri déja l'on se souleve.
Si par malheur Sextus fût resté dans vos mains,
Vous eussiez contre vous armé tous les Romains.
Mais n'êtes-vous point las de tant de barbaries,
Et d'exercer ici l'empire des Furies?

OCTAVE.

Qu'entends-je?

MÉCENE.

   Les discours d'un ami vertueux,
Dont vous approuveriez le zele impétueux
Si de quelque retour votre ame étoit capable ;
Mais aux cris comme aux pleurs elle est impénétrable.
Vous ne serez que trop entouré de flatteurs,
Et que trop inspiré par de vils délateurs ;
C'est l'unique entretien où vous trouviez des charmes :
Je ne puis plus vous voir sans répandre des larmes.

LE TRIUMVIRAT.

L'ami que j'avois cru digne d'être adoré,
C'est le même par qui je suis déshonoré;
Tandis que c'est lui seul qui détruit, persécute,
Aux pleurs qu'il fait verser c'est moi qui suis en butte.
Vos soldats, rebutés de servir d'assassins,
M'ont déja reproché vos ordres inhumains :
On diroit qu'en effet votre cœur sanguinaire [*]
Fait du sang des humains sa substance ordinaire,
Qu'il ne voit qu'à regret des hommes innocents;
Car vous les croyez tous criminels ou méchants;
Et bientôt à vos yeux dans son sein déplorable
Rome n'offrira plus qu'un gouffre abominable,
Que vous acheverez de combler de forfaits :
Mais comme je suis las d'en supporter le faix,
Adieu.

OCTAVE.

Quoi! c'est ainsi que Mécene me quitte!
D'où peut naître, dis-moi, le transport qui t'agite?

---

[*] Poursuivez, achevez de mettre Rome en cendre;
Mais de votre amitié je ne veux plus dépendre.
Il faudroit à la fin partager vos forfaits;
Et, comme je suis las d'en supporter le faix,
Adieu.

Ces vers se trouvent dans le manuscrit de la comédie françoise.

Ah ! loin de redoubler mon trouble et ma terreur,
De l'état où je suis adoucis la rigueur.
Tu sais que dès hier j'ai cessé de proscrire.
Antoine, qui jouit avec moi de l'empire,
Pour me perdre d'honneur, par ses détours secrets
Fait passer sous mon nom ses horribles décrets.

MÉCENE.

Est-ce à vous de ramper sous les lois d'un infame *
Asservi lâchement aux fureurs d'une femme ?
Triumvir comme lui, libre de tout oser,
Au plus cruel trépas il falloit s'exposer,
Et laver dans son sang une pareille injure.
Un affront vit toujours sur le front qui l'endure ;
Qui ne s'en venge pas est fait pour le souffrir.
On croiroit, à vous voir tour-à-tour vous flétrir
Par l'odieux trafic des plus illustres têtes,
Que vous vous partagez le fruit de vos conquêtes :
Il abandonne un oncle ; et vous, un protecteur

---

 * Ah, César ! qui se plaint d'un collegue perfide,
  Du sang du malheureux est-il donc moins avide ?
  Est-il quelque douleur qui vous puisse attendrir ?
  On croiroit, à vous voir l'un l'autre vous flétrir,
  Par l'odieux trafic... etc.

Ces vers se trouvent dans le manuscrit de la comédie françoise.

Dont vous avez long-temps recherché la faveur,
A qui seul vous devez votre grandeur suprême,
Et qu'il falloit sauver aux dépens de vous-même.

OCTAVE.

Cesse de m'effrayer, et me nomme l'objet
Qui fait couler tes pleurs.

MÉCENE.

Ingrat, qu'avez-vous fait?
Hélas! hier encore il existoit un homme
Qui fit par ses vertus les délices de Rome,
Mémorable à jamais par ses talents divers,
Dont le génie heureux éclairoit l'univers;
Il n'est plus... Son salut vous eût couvert de gloire,
Et de vos cruautés effacé la mémoire:
Qu'ai-je besoin encor de vous dire son nom?
Ah! laissez-moi vous fuir, et pleurer Cicéron.

OCTAVE.

Qui? moi, j'aurois livré ce mortel admirable!
Et c'est de ce forfait toi qui me crois coupable!

MÉCENE.

C'est en l'abandonnant que vous l'avez livré.
De sang et de fureur votre cœur enivré,
Soigneux de me cacher la moitié de ses crimes,
Laisse au Tibre le soin de compter ses victimes.

OCTAVE.

Ah, Mécene! un moment du moins écoute-moi;

ACTE V, SCENE II.

Je ne veux entre nous d'autre juge que toi.
Moi-même, pour sauver le pere de Tullie,
J'ai disposé sa fuite à l'insu de Fulvie,
Et chargé de ce soin Léna, Salvidius,
Soutenus par Philippe et par Hérennius;
C'est par eux qu'en secret je le faisois conduire,
Sans prévoir que peut-être on pouvoit les séduire :
Comment s'en défier, et sur-tout de Léna,
Tribun que j'ai reçu de la main d'Agrippa?
D'ailleurs à Cicéron Léna devoit la vie.

MÉCENE.

C'est à son défenseur lui seul qui l'a ravie.
L'intrépide orateur a vu sans s'ébranler
Lever sur lui le bras qui l'alloit immoler :
« C'est toi, Léna, dit-il; que rien ne te retienne :
« J'ai défendu ta vie, arrache-moi la mienne.
« Je ne me repens point d'avoir sauvé tes jours,
« Puisque des miens c'est toi qui dois trancher le cours »;
A ces mots Cicéron lui présente la tête
En s'écriant, « Léna, frappe, la voilà prête. »
Léna, tandis que l'air retentissoit de cris,
L'abat, court chez Fulvie en demander le prix.
Un objet si touchant, loin d'attendrir son ame,
N'a fait que redoubler le courroux qui l'enflamme;
Les yeux étincelants de rage et de fureur,
Elle embrasse Léna sans honte et sans pudeur,

Saisit avec transport cette tête divine,
Qui semble avec les dieux disputer d'origine,
En arrache... Épargnez à ma vive douleur
La suite d'un récit qui vous feroit horreur.
Nous ne l'entendrons plus du feu de son génie
Répandre dans nos cœurs le charme et l'harmonie :
Fulvie a déchiré de ses indignes mains
Cet objet précieux, l'oracle des humains ;
Mais on ne m'a point dit, après ce coup funeste,
Ce que sa barbarie a pu faire du reste.

OCTAVE.

Hé bien! sur Cicéron suis-je justifié?

MÉCENE.

Si ce n'est pas César qui l'a sacrifié,
Que de sa mort du moins la plus haute vengeance
De César soupçonné fasse voir l'innocence.

OCTAVE.

Si je m'en vengerai? quoi! tu peux en douter?
Ta douleur sur ce point n'a rien à redouter.
Ma haine désormais ne peut être assouvie
Qu'en noyant dans son sang l'exécrable Fulvie.
Ce n'est pas Lucius qui m'en fera raison ;
C'est Antoine qui doit payer pour Cicéron.
Si tu m'aimes encor, va me chercher sa fille ;
Je veux de ce grand homme adopter la famille :

De tes cris, de tes pleurs tu m'as importuné,
Rends-moi de Cicéron le reste infortuné.
Pardonne à mon dépit une fatale feinte
Qui porte à ma tendresse une si rude atteinte ;
En croyant l'effrayer, hélas! je l'ai perdu.
Par pitié, rends sa fille à mon cœur éperdu :
Je ne me connois plus ; que mon sort t'attendrisse.

MÉCENE.

C'est vouloir de vos maux accroître le supplice.
Eh! comment osez-vous souhaiter de la voir?
Pourrez-vous soutenir ses pleurs, son désespoir?
Peignez-vous les tourments où Tullie est en proie.

OCTAVE.

Ah! n'importe, Mécene, il faut que je la voie.

MÉCENE.

Il est vrai que Tullie est rentrée en ces lieux ;
Et j'ai cru qu'il falloit la soustraire à vos yeux.
Sans vouloir cependant la voir ni la contraindre,
(De son juste courroux que ne doit-on pas craindre?)
J'ai pris soin seulement qu'en ces moments affreux
On ne l'instruisît point de son sort rigoureux.
N'allez point irriter une ame impérieuse
Dont rien n'arrêteroit la haine audacieuse :
Quels efforts aujourd'hui n'a point tentés son bras
Pour Sextus entraîné par ses propres soldats?

La dignité des mœurs, la vertu la plus pure,
Ne sont pas les seuls dons que lui fit la nature;
Tullie en a reçu la valeur de Sextus,
Les charmes de son sexe, et le cœur d'un Brutus;
Et vous la renverrez, si vous daignez m'en croire.
Tant d'amour convient-il avec autant de gloire?
Qu'espérez-vous d'un cœur épris d'un autre amant?
Faites-en à Sextus un généreux présent.

OCTAVE.

Mes fureurs n'ont que trop justifié sa haine...
C'en est fait, j'y consens, renvoyons-la, Mécene;
Puisqu'il faut s'occuper de soins plus glorieux...

SCENE III.

TULLIE, OCTAVE, MÉCENE.

OCTAVE.

Je la vois... Juste ciel!... Cachons-nous à ses yeux.

TULLIE.

Pourquoi me fuyez-vous, César? je suis vaincue;
Les soldats de Sextus l'ont soustrait à ma vue:
Vous avez triomphé de moi comme de lui.
Hélas! dans mes malheurs où trouver un appui?
Ne redoutez plus rien de la fiere Tullie;

ACTE V, SCENE III.

Il n'est point de fierté que le sort n'humilie :
Loin de vous refuser à mes tristes regards,
Faites revivre en vous la bonté des Césars :
Si j'ai porté trop loin les mépris et l'audace,
   (elle lui montre la statue de César.)
Au nom de ce héros, daignez me faire grace ;
Ah, seigneur ! par pitié, rendez-moi Cicéron ;
Honorez-nous tous deux d'un généreux pardon :
En des temps plus heureux votre haine endurcie
Eût été désarmée au seul nom de **Tullie**.

OCTAVE.

Ce nom n'est point encore effacé de mon cœur ;
Un seul jour n'éteint point une si vive ardeur,
Et des feux que Tullie allume dans une ame
Elle ne sait que trop éterniser la flamme ;
Et, malgré le mépris dont vous payez mes vœux,
J'oublie en vous voyant que je suis malheureux ;
Et j'ose me flatter que, moins préoccupée,
Vous eussiez respecté César devant Pompée :
Le ciel ne le fit point pour être mon égal ;
Il n'est pas même fait pour être mon rival.

TULLIE.

Ah, César ! est-il temps de me chercher des crimes ?
Daignez vous occuper de soins plus légitimes.
Vous avez trop connu le cœur de Cicéron

Pour en avoir conçu le plus léger soupçon :
Si de quelque refus vous avez à vous plaindre,
Son austere vertu ne laisse rien à craindre :
A-t-il des conjurés emprunté le secours,
Ou versé dans les cœurs le poison des discours?
Il a toujours gardé le plus profond silence :
Sa fuite ne peut être un motif de vengeance,
Puisque vous-même avez ordonné son départ;
Philippe étoit d'ailleurs chargé de votre part
Avec Hérennius du soin de le défendre.

OCTAVE.

Mais, si vous n'aviez point dessein de me surprendre,
Auriez-vous de Sextus accompagné les pas,
Et pour le soutenir corrompu mes soldats?

TULLIE.

Quel peut être l'effroi que Sextus vous inspire?
Ce n'est pas en fuyant qu'on dispute un empire :
L'a-t-on vu contre vous soulever les esprits,
Ou d'un nom redouté ranimer les débris?
Il en eût recouvré la puissance usurpée,
S'il se fût un moment fait voir comme Pompée.
Ah! du sort de Sextus ne soyez point jaloux;
Philippe n'a voulu que l'éloigner de vous :
Son maître infortuné, qui n'a plus d'autre asile,
Va sans doute avec lui regagner la Sicile.

ACTE V, SCENE III.

Faites-vous un ami de ce jeune héros;
Il est digne de vous par ses nobles travaux.
César, vous ignorez qu'une main meurtriere
Vous auroit sans Sextus privé de la lumiere;
Tandis que votre haine éclate contre lui,
C'est sa seule vertu qui vous sauve aujourd'hui :
Pour l'en récompenser permettez que mon pere
Aille près de Sextus terminer sa misere;
Prenez en leur faveur des sentiments plus doux.

OCTAVE.

Mais, madame, Sextus est-il donc votre époux?
Sitôt qu'à votre hymen je ne dois plus prétendre,
Aux vœux de mon rival je consens de vous rendre.

TULLIE.

Ah, César! vos détours sont trop injurieux;
Plus sincere que vous, je m'expliquerai mieux :
De Sextus, il est vrai, je dois être l'épouse;
Loin de vouloir tromper votre flamme jalouse,
J'avoûrai sans rougir que nous avons tous deux,
Malgré tant de malheurs, brûlé des mêmes feux;
Mais, quel que soit l'amour qu'il inspire à Tullie,
Si vous m'aimez encor, je vous le sacrifie.
Vous pouvez d'un seul mot rendre mon sort heureux,
Parlez; me voilà prête à contenter vos vœux :
Un si grand sacrifice est le prix de mon pere;

Rendez à ma douleur une tête si chere ;
Apprenez-moi du moins ce qu'il est devenu.

OCTAVE.

Hérennius ici n'a point encor paru :
Mécene, en attendant, prenez soin de Tullie ;
Je vais sur Cicéron interroger Fulvie.

TULLIE.

Non, César, demeurez... Mais quel objet nouveau
Vient frapper mes regards sous ce triste tableau !
Hélas ! je reconnois la céleste tribune
Que mon pere occupoit avant son infortune :
C'est de là que, rempli d'un feu toujours divin,
Il sembloit prononcer les arrêts du destin...
Plus j'ose l'observer, plus ma frayeur augmente.
Mécene... la tribune... elle est toute sanglante !
Ce voile encor fumant cache quelque forfait :
N'importe, je veux voir.

(*elle monte à la tribune, et leve le voile.*)

Dieux ! quel affreux objet !
La tête de mon pere...! Ah ! monstre impitoyable,
A quels yeux offres-tu ce spectacle effroyable ?

OCTAVE.

L'horreur qui me saisit à ce terrible aspect
Pourroit justifier l'homme le plus suspect :
On n'en peut accuser que la main de Fulvie.

ACTE V, SCENE III.

TULLIE.

La tienne a-t-elle moins fait voir de barbarie?
Ne lui conteste point un coup digne de toi.
O Sextus! tout est mort et pour vous et pour moi!
Traître! pour assouvir la fureur qui t'anime,

(elle se tue.)

Tourne les yeux: voilà ta derniere victime!

FIN DU TRIUMVIRAT.

DISCOURS
ACADÉMIQUES.

REMERCIEMENT*.

Muse, voici le jour si long-temps attendu,
Jour dont aucun espoir ne m'annonçoit l'aurore,
Jour heureux, qui pour nous ne luiroit pas encore
Si de nos seuls succès sa course eût dépendu :
Muse, vous le voyez, une troupe immortelle
Daigne vous partager ses honneurs, ses emplois :
Parlez; et, s'il se peut, justifiez son choix;
Mais ne prononcez rien qui ne soit digne d'elle.
Apollon, c'est ici que tu dois m'avouer,
Puisque ma voix t'appelle au temple de mémoire :
Je ne demande rien qui ne soit à ta gloire;
Ce sont tes favoris que je voudrois louer.
Aucun fiel n'a jamais empoisonné ma plume :
Ferois-je pour chanter des efforts superflus?
Dieu des vers, au rayon dont brillent tes élus,
Souffre pour un moment que mon feu se rallume.
Je les vois tout couverts de ces rayons divins;
Dans leurs mains chaque jour tu déposes ta lyre.

---

* M. de Crébillon ayant été élu par MM. de l'académie françoise à la place de M. de la Faye, y prit séance le jeudi 27 septembre 1731, et prononça le présent remerciement.

Ma Muse, un jour de gloire est un jour de délire;
Sers mon audace, et prends la lyre dans leurs mains.

Téméraire, arrêtez, et respectez Minerve;
Elle a comme Apollon ses autels en ces lieux;
La raison y préside, et son front sérieux
Se rideroit aux traits d'une indiscrete verve :
Je la vois qui déja blâme nos vains efforts.
Puisque du moindre excès sa dignité s'offense,
Muse, ne célébrons que ma reconnoissance :
La raison elle-même avoûra nos transports.

Mais quel éclat nouveau tout-à-coup m'environne?
Sommes-nous sur l'Olympe ou dans le champ de Mars?
Quel charme vient d'unir sous mêmes étendards
Les enfants des neuf Sœurs aux enfants de Bellone?
Pourpre, mitres et croix, Mars, Neptune, et Thémis,
Tout se confond ici, s'allie, et s'humanise :
Sans orgueil avec moi le héros fraternise;
Et je ne crois plus voir qu'une troupe d'amis.

Ame de Richelieu, contemple ton ouvrage.
Qui doit ainsi que toi percer la nuit des temps.
Ces illustres mortels, sans cesse renaissants,
Comme pour t'assurer un éternel hommage.
Dans l'art de gouverner moins ministre que roi,

L'univers en tremblant adora ton génie;
Tout plia devant toi dans le cours de ta vie:
Tu soumets l'avenir, et regnes après toi.

Cependant il n'est plus ce mortel si célebre
Qui fit trembler Thétis et le fier dieu de l'Ebre.
Quelle éclipse pour vous! et quel astre nouveau
Pouvoit ici du jour ramener le flambeau?
Mais en sujets la France, aussi riche que Rome,
En même temps regrette et produit un grand homme.
Armand vous laissoit-il l'espoir d'un successeur?
Il apparut, cueillit ce sublime héritage;
Et sur Armand Séguier eut même un avantage,
Du plus grand des mortels il fut le précurseur.

Louis, ô nom chéri! souverain adorable,
Des caprices du sort exemple mémorable,
A tes mânes sacrés nous n'offrons plus de fleurs
Que nos regrets profonds n'arrosent de nos pleurs.
Vous, qui l'avez suivi de victoire en victoire,
A la fois compagnons et témoins de sa gloire,
Qui de tout votre sang sûtes la consacrer,
Guerriers, qui mieux que vous pourroit la célébrer?
Quel roi mérita mieux une auguste louange?
De dons et de vertus quel précieux mélange!
C'étoit après les dieux l'ame de l'univers;

Roi grand par ses exploits, plus grand par ses revers :
La mort termine en vain son illustre carriere ;
Ce demi-dieu mortel ressemble à la lumiere,
Qui prend de nouveaux feux dans l'ombre de la nuit,
Et semble encor s'accroître au moment qu'elle fuit.

France, console-toi ; Louis vient de renaître :
Des hommes tels que lui peuvent-ils cesser d'être ?
Digne trône d'un roi fameux par ses travaux,
On diroit que le ciel te doive des héros ;
Que le sang des Bourbons, tige heureuse et féconde,
Doive dans chaque enfant donner un maître au monde.
François, loin de gémir sous d'odieuses lois,
Vous retrouvez toujours vos peres dans vos rois.
Votre bonheur constant ne dépend point des Parques ;
A peine vous perdez le plus grand des monarques,
Qu'un autre jeune encor fait briller des vertus
Que Rome à quarante ans admiroit dans Titus :
Juste, clément, pieux, son austere jeunesse
Semble déja dicter les lois de sa vieillesse.

Un ministre attentif, prudent, religieux,
Fuyant de vains lauriers l'éclat ambitieux,
Qui sait, du bien public sage dépositaire,
User en citoyen du pouvoir arbitraire :
Aigle de Jupiter, mais ami de la paix,

Il gouverne la foudre, et ne tonne jamais.
Louis, c'est mériter l'empire de la terre
Que savoir dignement confier son tonnerre.

Tu crains après ces noms de reparoître au jour,
La Faye : et que crains-tu? c'est ici ton séjour ;
Viens t'y montrer paré de ces graces naïves
Qu'Apollon dans tes vers semble tenir captives :
De ton génie heureux prête-moi la douceur ;
Viens toi-même établir ton foible successeur.
De combien d'agréments ta raison fut ornée ! ..
Sur quels objets encor parut-elle bornée ?
Le goût du vrai, du beau ; censeur ingénieux,
Qui sans humilier montroit à faire mieux ;
Le sel athénien, l'urbanité romaine ;
Tour-à-tour Lélius, Malherbe, ou La Fontaine :
Aimable paresseux plongé dans le loisir,
Quel n'eût-il pas été? mais sa muse volage,
Parmi tant de talents qui n'avoit qu'à choisir,
Aimoit trop de l'esprit le doux libertinage.
Quelle perte pour vous ! quelle honte pour moi !
Apollon, je me tais ; j'espérois mieux de toi :
Il faut plus de grandeur quand l'audace est extrême.
Sur ta foi j'ai suivi mon orgueilleux projet,
Tu ne te plaindras pas du moins de mon sujet ;
Et tu me le fais croire au-dessus de toi-même.

ÉLOGE
DE M. LE MARÉCHAL DE VILLARS,

PRONONCÉ DANS L'ACADÉMIE FRANÇOISE,
LE 9 DÉCEMBRE 1734.

Il n'est plus ce guerrier dont nos derniers malheurs
Ont immortalisé la prudence et les armes.
Peuples, dont sa valeur dissipa les alarmes,
Élevez-lui du moins un tombeau dans vos cœurs.
Toi, dont le nom préside au temple de mémoire,
Nom par tant de vertus à jamais consacré,
Nom fameux, et toujours foiblement célébré,
Malgré ce que nos chants ont redit de ta gloire,
Louis, descends des cieux, parois sur ces autels
Que la terre a dressés au plus grand des mortels;
Ce fut toi : viens placer dans ce temple où tu regnes
Un guerrier qui souvent eut part à tes exploits,
Qui par tant de travaux justifia ton choix,
Et qui sut d'un seul coup relever nos enseignes.
Dans ces temps où ton peuple osa trembler pour toi,
Ces jours marqués de sang, où le sort infidele
Éprouvoit ton grand cœur pour en faire un modele,
Ce guerrier seul fléchit les destins de son roi,

Les força de rentrer dans cette obéissance
Qui les tint si long-temps soumis à ta puissance.
Il ne lui restoit plus, après tant de hauts faits,
Après tant de remparts qu'il réduisit en poudre,
Qu'à porter aux vaincus l'olivier de la paix,
De cette même main dont il lançoit ta foudre.
Capitaine, ministre, et soldat tour-à-tour,
Dévouant à son roi tous les temps de sa vie,
L'état, le cabinet, les champs de Mars, la cour,
Partagerent son cœur sans lasser son génie.
Quels périls pour Louis n'a-t-il pas affrontés!
Combien pour nous venger en a-t-il surmontés!
Aucun n'a triomphé de sa valeur suprême.
Ces foudres que l'airain fait voler dans les airs,
Ces foudres inconnus à Jupiter lui-même,
N'étoient pour ce héros que de foibles éclairs:
On eût dit, à le voir poursuivre la victoire,
Qu'ils brilloient seulement pour annoncer sa gloire.
Louis, à ce portrait tu reconnois Villars,
Cet éleve, ou plutôt ce fier rival de Mars,
Et peut-être le tien : son ame généreuse
(Quoiqu'il n'eût que toi seul pour but de ses travaux)
De toutes les vertus étoit ambitieuse :
Et les tiennes sans doute ont formé ce héros.
Fridelingue, Denain, batailles mémorables,
Quels succès glorieux m'offrez-vous à chanter!

Vous-mêmes, lieux cruels, mais pour nous honorables,
Où la mort sur ses jours osa presque attenter,
Les lauriers de Villars sur vos champs redoutables
N'ont-ils aucun éclat que nous puissions vanter?
Cependant quels exploits viendroient se présenter
Au seul ressouvenir de ces temps déplorables!
Déja tous nos honneurs étoient évanouis;
L'état sur son déclin, défaite sur défaite;
(C'étoit alors le temps des revers de Louis;)
Nos soldats accablés de honte et de disette,
De désespoir, peut-être, autant que de langueur,
Hommes quant aux besoins, François pour la valeur :
Leur chef, d'un seul coup d'œil, réveille leur audace;
Tous s'offrent en héros au coup qui le menace;
Et Villars, qui bravoit la mort et le destin,
Appelle, tout sanglant, l'ennemi vers Denain.
C'est là que ce vengeur de la Seine et de l'Ebre
Fit voir qu'à Malplaquet il n'avoit survécu
Que pour rendre à Denain sa valeur plus célèbre,
Et qu'un foudre de moins, Eugene étoit vaincu.
Ainsi, de nos destins fixant la violence,
Villars humilia de superbes vainqueurs,
Fit revivre en un jour leurs anciennes terreurs,
Vengea son roi, soi-même, et rétablit la France.
Tel, et plus grand encor, les Alpes l'ont revu,
Non pas jeune, et tenté d'une fortune illustre

(Au comble des honneurs il étoit parvenu);
C'étoit Villars, bravant son dix-septieme lustre,
Le premier des François, fortuné, glorieux,
Qui pouvoit, de tous soins exempt par sa vieillesse,
Borner tous ses devoirs aux conseils précieux *
D'un chef dont les travaux ont formé la sagesse.
Et quelle gloire encor pouvoit flatter Villars,
Ou relever l'éclat d'une si belle vie?
Mais Villars étoit né pour servir sa patrie,
Et pour trouver la mort dans les champs des Césars.
Guerriers, qui pour Louis signalez votre zele,
Villars n'aima jamais que l'état et son roi;
Il s'en fit un honneur, un devoir, une loi.
Ne perdez point de vue un si parfait modele.
Quel roi plus digne encor de régner sur vos cœurs
Doit exciter en vous la généreuse envie
D'armer pour le servir ces bras toujours vainqueurs,
Dont l'effort fit trembler le Rhin et l'Italie?
Du siecle de Louis heureux restaurateur,
Louis, nouveau soleil, paroît sur l'hémisphere
Avec tous les rayons de son prédécesseur,
Et toutes les vertus de son auguste pere:
Équitable vengeur d'un téméraire affront
Que n'a point dû souffrir l'honneur du diadême,

---

* M. le maréchal de Villars étoit chef du conseil de guerre.

La justice du ciel semble ceindre elle-même
Les lauriers destinés à couronner son front.
Il est d'autres bienfaits, et qu'un bon roi préfere
A toutes les faveurs qu'il tient des immortels;
C'est un sujet doué des dons du ministere,
Qui partage avec lui ses devoirs paternels;
Un ministre éclairé, qui, clément et sévere,
Soutienne également le trône et les autels;
Qui soit tel que Fleury, dont les soins éternels
Nous représentent moins un ministre qu'un pere.
Regne heureux et brillant, tu nous rends à la fois
Nos plus vaillants guerriers, nos plus sages ministres;
Tu nous rends avec eux le plus grand de nos rois.
France, tu ne crains plus d'évènements sinistres :
Du plus hardi soldat rivaux et compagnons,
Deux soldats, adoptés par le dieu de la Thrace,
Héritiers des vertus et du sang des Bourbons,
Signalent à l'envi leur zele et leur audace.
Le vainqueur de Rocroi, fécond en successeurs,
Condé, qui, pour le nom, la gloire et les honneurs,
N'eut au-dessus de lui que les dieux et son maître,
L'intrépide Condé vient encor de renaître.
Vous qui, formé d'un sang et si noble et si beau,
Joignez à sa splendeur la valeur la plus fiere,
Qui d'un sentier pour vous étranger et nouveau
Trouvez du premier pas la route familiere;

Clermont, tous vos aïeux, héros dès le berceau,
N'ont pas plus dignement commencé leur carriere :
Poursuivez; votre cœur est fait pour les hasards;
Qu'avec vous et Conti, déja plus redoutables,
Nos guerriers, sur vos pas, soient toujours indomtables;
Vous devez cette gloire aux mânes de Villars;
Ce héros qui, pliant sous le faix des années,
Eût cru voir au mépris les siennes condamnées,
Et que de ses lauriers il eût flétri l'éclat,
Si son dernier soupir n'eût été pour l'état.

A M. DE FONTENELLE*.

Toi** qui fus animé d'un souffle d'Apollon,
Dépositaire heureux de son talent suprême,
Esprit divin qui n'eut d'autre pair que lui-même,
Héros de Melpomene et du sacré vallon,
Parois; nous consacrons une fête à ta gloire,
A ce nom qui suffit pour nous illustrer tous :
Viens voir un héritier digne de ta mémoire
Une seconde fois renaître parmi nous.
Louis, ton regne fut le regne des merveilles;
L'univers est encor rempli de tes hauts faits;
Mais les lauriers cueillis par l'aîné des Corneilles
Font voir que tu fus grand jusque dans tes sujets.
Si ton auguste fils n'a point vu le Permesse
Enfanter sous ses lois ce mortel si fameux,

---

* Cinquante ans après la réception de M. de Fontenelle, l'Académie françoise, ayant jugé à propos de célébrer une époque si rare, et de donner des marques particulieres de son estime à cet illustre académicien, le nomma directeur, par acclamation, et M. de Crébillon lui adressa ces vers, le jour de la séance publique du 25 août 1741.

** Le grand Corneille.

ACADÉMIQUES.

Il a dans ses neveux un sujet que la Grece
Eût placé dès l'enfance au rang des demi-dieux.
Jeune encor ses écrits exciterent l'envie;
Mais il en triompha par leur sublimité.
A peine il vit briller l'aurore de sa vie
Qu'il vous parut déja dans sa maturité.
S'il cueillit en Nestor les fruits de sa jeunesse,
Dix-sept lustres n'ont point ralenti ses talents;
L'âge qui détruit tout rajeunit sa vieillesse;
Son génie étoit fait pour braver tous les temps.
Albion *, qui prétend nous servir de modele,
Croit que Locke et Newton n'eurent jamais d'égaux;
Le Germain, que Leibnitz compte peu de rivaux;
Et nous, que l'univers n'aura qu'un Fontenelle.
Prodigue en sa faveur, le ciel n'a point borné
Les présents qu'il lui fit au seul don du génie;
Minerve l'instruisit, et son cœur fut orné
De toutes les vertus par les soins d'Uranie.
Loin de s'enorgueillir de l'éclat de son nom,
Modeste, retenu, simple, même timide,
On diroit quelquefois qu'il craint d'avoir raison,
Et n'ose prononcer un avis qui décide.
Illustres compagnons de ce nouveau Nestor,
Assemblés pour lui ceindre une double couronne,

---
* L'Angleterre.

DISCOURS

Pour la rendre à ses yeux plus précieuse encor,
Parez-la des lauriers que votre main moissonne.
C'est ici le séjour de l'immortalité.
En vain mille ennemis attaquent votre gloire,
Ces auteurs ténébreux passeront l'onde noire;
C'est vous qui tiendrez lieu de la postérité.
Si les écrits pervers, la noirceur, l'impudence,
Ont fermé votre temple aux hommes sans honneur,
Les talents, le génie, et la noble candeur,
Ont toujours parmi vous trouvé leur récompense.
Le soin de célébrer le plus grand des mortels
N'est pas, quoique constant, le seul qui vous anime,
Quelquefois des mortels d'un ordre moins sublime
Ont vu brûler pour eux l'encens sur vos autels :
Daignez donc soutenir le zele qui m'inspire;
Pour chanter Fontenelle il faut plus d'une voix;
Ranimez les accents d'un vieux chantre aux abois,
Ou du moins un moment prêtez-moi votre lyre.
Assidu parmi vous, dix lustres de travaux
Ont déja signalé sa brillante carriere;
Mais ce ne fut pour vous qu'un instant de lumiere :
Condamnez Fontenelle à dix lustres nouveaux.
Pour pénétrer le ciel en ses routes profondes,
Destin, accorde-lui des jours sains et nombreux.
Il en fallut beaucoup pour parcourir les mondes;
Il en faut encor plus pour contenter nos vœux.

COMPLIMENT AU ROI

SUR LE RÉTABLISSEMENT DE SA SANTÉ.

Le mardi 17 novembre 1744.

Sire,

Votre Majesté vient de voir, dans nos transports et dans nos acclamations, une image naïve de l'état déplorable où la crainte de perdre un si digne souverain avoit réduit toute la France; et on ne lira point sans étonnement que le plus aimable et le meilleur de tous les rois nous ait coûté plus de larmes que les tyrans n'en ont jamais fait répandre. L'admiration des étrangers et l'amour des peuples furent toujours des objets de la plus noble ambition : César lui-même se fût estimé trop heureux de pouvoir inspirer ces sentiments dans le cours d'une longue vie; et Votre Majesté, qui les inspira dès l'enfance, qui les a justifiés chaque jour, nous en a fait une sorte de religion dans le cours de six mois. Trop heureux les François si Votre Majesté, plus ménagere d'une vie si précieuse, n'éprouvoit pas si souvent leur tendresse, et ne leur causoit pas des alarmes plus terribles pour eux que la haine d'un ennemi, qui, grace à votre valeur, ne leur donne plus d'autre soin que celui de vous élever des trophées! Puisse l'Académie françoise, Sire, après avoir partagé si vivement la douleur et la joie de tant de fideles sujets, célébrer au gré de ses vœux les vertus d'un si grand maître!

VERS

RÉCITÉS AU ROI, A LA SUITE DU COMPLIMENT.

Quel orage soudain s'éleve et m'environne!
L'épouvante et l'horreur regnent de toutes parts.
Que de gémissements! l'air mugit, le ciel tonne.
Dieux! quels tristes objets s'offrent à mes regards!
Où suis-je? quoi! je touche à l'infernale rive!
François infortunés, y portez-vous vos pas?
Qui vous amene en foule aux portes du trépas?

J'entends parmi vos pleurs une bouche plaintive
Articuler des mots qui me glacent d'effroi :
O déplorable sang! ô malheureuse reine...!
La reine...! Ah! c'en est fait, notre mort est certaine :
La France va donc perdre et son pere et son roi!
François, le désespoir où votre ame se livre
Doit aller aussi loin que la rigueur du sort.
Si Louis ne vit plus, il faut cesser de vivre :
Pouvons-nous souhaiter une plus digne mort?
Roi, notre unique bien, quoi! la Parque perfide
Voudroit porter sur vous une main parricide...!
Mais quel bruit éclatant vient agiter les airs?
Quelle étrange lueur roule dans les ténebres?
A travers tant d'objets terribles et funebres
Je vois quelque clarté pâlir dans les enfers.
Est-ce le dieu des morts qui tient sa cour funeste?
Mais non, ce qui paroît n'a rien que de céleste.
Mais quel est donc le dieu que je vois accourir?
Il tend vers nous les bras, c'est pour nous secourir;
Mille rayons brillants forment son diadême;
Le dieu des morts n'a point ce port majestueux,
Cet air noble et touchant, ni ce front vertueux :
C'est, je n'en doute plus, Louis-le-Grand lui-même,
Qui vient sécher nos pleurs et calmer nos regrets.
Hélas! il veille encor sur ses anciens sujets.
Ce roi, qui si long-temps a gouverné la terre,

Regne-t-il en des lieux inconnus au tonnerre?
On diroit qu'aux enfers il va donner des lois :
Voilà ses traits, ses yeux, je reconnois sa voix.

« Fermez, dit-il, fermez la retraite des ombres;
« Mon fils n'entrera point dans les royaumes sombres.
« S'il mouroit, que d'exploits seroient ensevelis!
« Et qui pourra compter les exploits de mon fils?
« Entre César et moi le ciel marque sa place;
« Mais les dieux seront lents à terminer ses jours;
« Et si sa gloire a droit d'en prolonger le cours,
« Il n'est point de Nestor que son âge n'efface.
« François, vous reverrez ce roi si généreux.
« Puissent le voir aussi les fils de vos neveux! »
Il dit, et tout-à-coup les enfers disparoissent :
La mort fuit, le jour vient, et les François renaissent.

Mais quel éclat nouveau vient embellir ces lieux?
Passons-nous des enfers dans le séjour des dieux?
Quels feux étincelants brillent sur l'hémisphere?
Ah! si c'étoit Louis : mais en vain je l'espere;
Il est trop occupé de ses nobles travaux,
Il brave également la mort et le repos.
Qu'est-ce donc que je vois? c'est un autre lui-même :
La Gloire, je le juge à sa beauté suprême;
C'est elle en ce moment qui vient nous l'annoncer;

La Gloire prend toujours soin de le devancer.
Hélas! il est donc vrai, nous allons voir paroître
Ce héros, le plus grand que le ciel ait fait naître.
Venez, voyez, chantez l'aimable souverain
Dont nous a fait présent la faveur du destin.
O François, peuple heureux, et si digne de l'être,
Venez en rendre grace à votre auguste maître;
C'est lui, c'est sa bonté qui vous rend tous heureux.
Qu'il soit après le ciel l'objet de tous vos vœux;
Qu'en vos temples pour lui sans cesse l'encens fume;
Que par le peuple épars le salpêtre s'allume;
Que le feu s'élançant par éclats dans les cieux,
De leur reconnoissance aille instruire les dieux!

SECONDE PIECE DE VERS

PRÉSENTÉE AU ROI, LE JEUDI 26 NOVEMBRE 1744.

Dieu des rimeurs, crois-moi, point de querelle,
Ou soutiens mieux tes airs de protecteur.
Qui mieux que moi, ton ancien serviteur,
Dut espérer une grace nouvelle?
Mais qu'as-tu fait de ce jour le plus beau,
Le plus brillant, le plus doux de ma vie?
Je l'avoûrai, j'ai manqué de génie:

Mais nous pouvons faire un effort nouveau.
Chanter son roi, c'est chanter sa maîtresse :
Il faut toujours la louer bien ou mal ;
C'est d'un seul trait signaler sa tendresse,
Et désoler celle de son rival.
Nommer Louis est un préliminaire
Qui va d'abord gagner tous les François ;
Ce nom si cher vaut lui seul l'art de plaire :
Ainsi chantons, je réponds du succès.
D'autres que nous dans la même carriere
Eussent été sifflés sans la matiere ;
Tous cependant ont trouvé des lecteurs :
Tant le sujet intéressoit les cœurs !
Disons que Mars, d'accord avec Minerve...
Le beau début ! ô la sublime verve !
Laisse-moi dire, écoute jusqu'au bout ;
Amour nous aide, et Louis sur le tout.
A ses conseils la Justice préside,
Et la Sagesse y recueille les voix,
Mars exécute, et Minerve décide ;
Mais c'est Louis qui leur dicte ses lois,
Qui tour-à-tour tient le glaive et l'égide,
Pere, soldat, et monarque à la fois.
Disons qu'il fait honneur à notre espece,
Grand sans orgueil, redoutable et charmant...

Est-ce là tout? Pauvre dieu du Permesse,
Sans tes leçons j'en dirois bien autant.
  Va, laisse-moi, je te tiens quitte
  De l'avenir et du présent.
  Tu m'as donné pour tout mérite
  Le cruel et morne talent
  De hurler dans la tragédie:
  Tu diras de plus que c'est toi
  Qui m'as mis à l'Académie;
  Moi, je t'ai fait parler au roi.

RÉPONSE

AUX DISCOURS PRONONCÉS PAR M. L'ABBÉ GIRARD,
ET M. L'ABBÉ DE BERNIS.

M<small>ONSIEUR</small>*,

Vous avez recherché avec empressement l'Académie; c'étoit faire son éloge : elle vous reçoit; c'est faire le vôtre. Heureux si, en nous associant des hommes célebres qui nous sont indiqués par les suffrages du public, nous n'avions pas de si grandes pertes à déplorer! Celle que nous venons de faire dans la personne de votre illustre prédécesseur nous coûtera des regrets éternels. En vain nous retrouverons en vous ses vertus et ses talents : les mêmes charmes ne font pas la même personne ; et il est souvent plus aisé d'être dédommagé que consolé : d'ailleurs

---

* A M. l'abbé Girard.

l'estime, l'amitié et la reconnoissance perdroient trop de leurs plus belles fonctions si l'on pouvoit oublier les morts. Un souvenir durable est le plus digne monument que nous puissions ériger aux hommes vertueux. Eh! que ne devons-nous point à la mémoire de M. l'abbé de Rothelin? Ce fut un des plus grands sujets que l'Académie ait jamais eus; recommandable par sa naissance, par son attachement à ses devoirs, par ses liaisons, par ses mœurs; l'esprit orné, mais naturel, et qui ne connut jamais d'autre art que celui de dire son avis sans humilier celui des autres.

Critique sage, profond et poli, mais ferme lorsqu'il s'agissoit de sacrifier ces endroits défectueux que les auteurs, soit dégoût, soit paresse, ou vanité, si l'on veut, cherchent toujours à justifier. Ce seroit peu de dire qu'il aima les lettres, il les protégea; et plusieurs d'entre ceux qui les cultivent ne le désavoueront point pour protecteur, ni même pour bienfaiteur. Magnifique, libéral, il ne lui manqua, pour être un second Mécene, que les trésors du favori d'Auguste; mais s'il ne les eut pas dans les mains, il les eut dans le cœur. L'air de dignité, qui donne du relief aux plus grandes vertus, ou qui sert du moins à les faire respecter; la décence, qui les décore, si elle ne les suppose pas toujours, régnoit dans les moindres actions de M. l'abbé de Rothelin, non comme des ornements empruntés pour parer les dehors, mais à titre de qualités personnelles et nées avec lui. Enfin il fit honneur à sa naissance, à son état, et à l'Académie. Les louanges que je donne à votre prédécesseur, monsieur, sont d'autant moins supectes, que je suis peut-être de tous les académiciens celui qui ai le moins profité du bonheur de l'avoir pour confrere.

Puisque nos usages, monsieur[*], et la fatalité de mon ministere, me forcent, pour ainsi dire, de rendre aujourd'hui les derniers devoirs au mort que vous remplacez, et que d'ailleurs il est naturel d'entre-

---

[*] A M. l'abbé de Bernis.

tenir de nos pertes ceux que nous avons choisis pour les réparer, je viens à M. l'abbé Gédoyn. Si le genre de vie qu'il avoit embrassé ne lui permit point de se dévouer au service de l'état, ainsi que ses ancêtres, il n'en fut pas moins utile à sa patrie par le desir ardent qu'il avoit pour l'accroissement des lettres, auquel il contribua si long-temps par lui-même. Son assiduité parmi nous, son attachement pour la compagnie, non seulement nous le rendirent infiniment cher, mais lui avoient gagné toute notre confiance; et nous regretterons toujours cette aimable franchise avec laquelle il nous disoit si souvent et si bien nos vérités : talent desirable dans la société, mais quelquefois dangereux, à moins qu'il ne soit soutenu par les qualités qui brilloient dans M. l'abbé Gédoyn, beaucoup de probité, beaucoup d'esprit, beaucoup d'érudition, et un grand usage du monde. Je ne dirai rien de ses ouvrages : ce ne seroit qu'une répétition de ce que vous en avez dit; et il seroit difficile de rien ajouter au tour ingénieux que vous avez pris pour louer votre prédécesseur. Votre génie a paru jusqu'ici tourner du côté de la poésie : mais vous avez généreusement sacrifié votre goût particulier à celui que M. l'abbé Gédoyn avoit pour l'histoire, en nous donnant vous-même celle du progrès des lettres en France, et qui amenoit si naturellement l'éloge de notre fondateur ; éloge tant de fois entrepris, et avec si peu de succès, que l'on pourroit nous regarder moins comme ses panégyristes que comme un monument tacite de sa gloire.

Mais c'est le sort de ces mortels fameux que la vertu élevé au-dessus des autres hommes, de ne pouvoir être loués que par leur réputation. En vain les murs de ce palais retentissent du nom de Louis-le-Grand : après beaucoup de louanges, et multipliées presque à l'infini, qui de nous pourra se flatter de lui en avoir donné qui fussent dignes de lui? Et que n'aurons-nous pas à craindre si nous osons célébrer les vertus de son successeur ; de ce roi l'objet de notre admiration, mais trop souvent le douloureux objet de nos larmes ; de ce père aimable, qui fait voir chaque jour avec tant d'éclat, et à la gloire de la nation, que l'amour prodigieux des François pour leur souverain n'est pas un amour de caprices ? Avec quelles couleurs enfin peindre un héros que l'on vient de voir, jeune encore, et à peine échappé au danger qui menaçoit sa vie ; que dis-je ? presque mourant, se frayer tout-à-coup un chemin des bords de l'Achéron au faîte de la gloire ? Ce dernier trait paroîtra sans doute trop poétique dans un discours en prose ; mais, monsieur, en vous adressant la parole, il étoit bien juste de vous parler un moment votre langue maternelle.

COMPLIMENT AU ROI

SUR LE GLORIEUX SUCCÈS DE SA CAMPAGNE DE 1745.

Sire,

Votre Majesté, en se couvrant d'une gloire nouvelle, n'a fait que varier nos alarmes. Vous avez voulu nous payer en héros et en roi des sentiments d'amour que nous vous devions si naturellement comme à notre pere : mais si nous vous avons vu partir avec confiance pour les succès ; si la nouvelle d'une grande victoire n'a point étonné vos peuples ; enfin si vous nous avez accoutumés sans peine à mépriser l'ennemi quand vous allez combattre, j'ose assurer Votre Majesté qu'elle n'accoutumera jamais les François à lui voir hasarder sa personne sacrée. Ce qu'on doit pardonner en faveur d'une réputation à faire paroît de trop quand la réputation est faite. Dès qu'il nous faudra craindre pour vous-même et pâlir les premiers à vos moindres mouvements, nous ne vous verrons plus partir sans murmurer. C'est dans ces occasions, Sire, qu'il est permis à notre tendresse de parler avec liberté. Eh! comment pourrions-nous sans frémir nous rappeler qu'un petit coin de la terre inconnu jusqu'ici ait vu dans un même jour ce que l'univers a de plus grand, ce que la France a de plus précieux, exposé à des périls qui semblent n'être faits que pour le soldat! Cependant, Sire, quelles que soient nos craintes, vous n'entendrez point nos voix timides troubler le cours de vos conquêtes, ni vous demander la paix. Non, Sire, ne la donnez jamais à l'Europe cette paix tant desirée, que vos ennemis ne soient hors d'état de la troubler. Qu'ils tombent, ces audacieux, et que leur désolation apprenne à la terre effrayée combien les forces d'un roi de France sont redoutables, sur-tout quand la sagesse et la valeur du monarque sont encore au-dessus de sa puissance! Mais, Sire, ne pouvons-nous pas nous flatter que Votre Majesté, qui vient d'être le témoin de l'intrépidité de ses troupes, comme elle en a été l'ame, daignera du moins leur confier le soin de sa vengeance, et qu'elle se contentera d'éclairer ces hommes généreux et fideles dont elle a tant de fois éprouvé le zele et le courage? Victorieux, adoré, et digne de l'être, il ne manque à Votre Majesté qu'un peu d'amour pour elle-même, pour une vie glorieuse à laquelle la vie de tant de milliers d'hommes est si tendrement attachée.

TABLE DES PIECES

CONTENUES

DANS LE TROISIEME VOLUME.

PYRRHUS, tragédie. pag.	1
Épître à M. Pâris.	3
CATILINA, tragédie.	93
Épître à madame la marquise de Pompadour.	95
LE TRIUMVIRAT, OU LA MORT DE CICÉRON, tragédie.	187
Épître à madame Bignon.	189
Préface.	191
DISCOURS ACADÉMIQUES.	279
Remerciement de M. de Crébillon à l'Académie françoise.	281
Éloge de M. le maréchal de Villars.	286
Vers à M. de Fontenelle, sur sa nomination à la place de directeur de l'Académie françoise.	292
Compliment au roi sur le rétablissement de sa santé.	295
Vers récités au roi, à la suite du compliment.	296

TABLE.

Seconde piece de vers, présentée au roi le jeudi 26 novembre 1744. pag. 299
Réponse aux discours prononcés par M. l'abbé Girard et M. l'abbé de Bernis. 302
Compliment au roi sur le glorieux succès de sa campagne de 1745. 308

FIN.

www.ingramcontent.com/pod-product-compliance
Lightning Source LLC
Chambersburg PA
CBHW071330150426
43191CB00007B/688